**어린이를 위한
4차 산업혁명 직업 탐험대**

초판 1쇄 발행 2019년 4월 15일
초판 8쇄 발행 2023년 11월 2일

지은이 김상현
그린이 박선하
펴낸이 이지은 **펴낸곳** 팜파스
기획편집 박선희
디자인 조성미 **마케팅** 김서희, 김민경

출판등록 2002년 12월 30일 제 10-2536호
주소 서울특별시 마포구 어울마당로5길 18 팜파스빌딩 2층
대표전화 02-335-3681 **팩스** 02-335-3743
홈페이지 www.pampasbook.com | blog.naver.com/pampasbook
이메일 pampas@pampasbook.com

값 12,000원
ISBN 979-11-7026-240-4 (73500)

ⓒ 2019, 김상현

· 이 책의 일부 내용을 인용하거나 발췌하려면 반드시 저작권자의 동의를 얻어야 합니다.
· 잘못된 책은 바꿔 드립니다.

이 도서의 국립중앙도서관 출판시도서목록(CIP)은 서지정보유통지원시스템 홈페이지
(http://seoji.nl.go.kr)와 국가자료공동목록시스템(http://www.nl.go.kr/kolisnet)
에서 이용하실 수 있습니다.(CIP제어번호: CIP2019011493)

어린이를 위한
4차 산업혁명 직업 탐험대

김승현 글 | 박선하 그림

팜파스

어린이
친구들에게

"여러분의 꿈은 뭔가요?"

초등학교에서 강연을 하면서 친구들에게 꼭 물어보는 질문입니다. 과학자, 판사, 의사 같은 꿈은 물론 힙합 가수, 아이돌, 유튜브 크리에이터, 심지어 건물주까지! 정말 다양한 꿈들을 이야기하지요. 그것도 매우 구체적으로요. 과학자의 경우에는 인공지능 전문가, 유전 공학 박사, 우주 항공 기술자 등 세세히 알고 있더군요.

매번 굉장히 놀랍니다. 제가 어릴 적에는 대통령, 과학자, 선생님처럼 추상적인 꿈만 이야기했거든요. 그런 의미에서 어린이 친구들이 정말 많은 정보 속에서 살고 있다는 생각이 듭니다. 꿈을 이야기하고 나서 "그런데 제가 어른이 되었을 때 이 직업이 사라지면 어떻게 하나요?"라고 물어보는 친구들이 꼭 있답니다.

맞아요. 여러분이 꿈꾸는 직업이 어쩌면 미래에는 사라질 수 있어요. 힙합이 더 이상 인기가 없을 수도 있고 유튜브가 아닌 다른 방식의 미디어가 세상을 지배할 수도 있어요. 의사, 판사 같은 직업은 로봇과 인공지능이 대신할 수도 있겠죠. 하지만 그렇다고 해서 여러분의 꿈이 완전히 사라지는 것은 아닙니다. 여러분이 꾸는 꿈은 어떤 방식으로든 멋지게 피어날 수 있거든요.

이 글을 쓰는 저는 어릴 적 꿈이 과학자였습니다. 태권브이 같은 로봇을 만들고 싶었죠. 지금 생각해 보면 휴보 아버지인 KAIST의 오준호 교수님처럼 로봇 공학자가 되고 싶었던 것 같아요. 하지만 자라면서 열심히 공부해도 과학은 어렵기만 했습니다. 나보다 더 과학을 잘하는 친구들도 많았죠. 그래서 중간에 가수(실제로 밴드를 만들어 무대에도 오르고 했으니까요), 시인 등으로 꿈을 바꾼 적도 있었답니다.

그런데 처음 품은 과학자라는 꿈을 버릴 수가 없었어요. 공부가 어려워 좌절하던 중에 기자라는 직종을 알게 됐습니다. '과학자가 되지 못해도, 과학자들의 이야기를 알리는 일을 하는 건 어떨까?'라는 생각을 하게 되었지요. 그렇게 저는 과학을 이야기하는 기자가 됐고 지금 여러분이 읽고 있는 책도 쓰게 됐습니다.

너무 억지스러운 이야기 같지만 꿈은 항상 어떤 방법으로든 이뤄집니다. 다만 그 꿈을 위해 내가 무엇을 준비하고 어떤 생각을 하느냐가 중요하죠. 제가 과학자의 꿈을 아예 버리고 과학에 관심을 기울이지 않았다면 과학 이야기를 쓰는 기자나 작가가 되지 못했을 거예요.

축구 선수의 예를 들어 볼까요? 축구 선수는 공격수, 수비수, 골키퍼 등 다양한 포지션에서 뛰게 되죠. 이들에게 공통적으로 필요한 것은 무엇일까요? 바로 축구에 대한 이해와 기초 체력입니다. 아무리 발재간이 뛰어나도 기본적으로 90분을 뛸 체력이 없고 전술을 이해하지 못한다면 좋은 축구 선수가 될 수 없을 겁니다. 여러분도 어떤 꿈을 꾸든 그에 필요한 기초 능력을 꾸준히 키워야 한답니다.

어떤 미래가 펼쳐지든 여러분의 꿈은 이뤄질 거라 했죠? 당연하겠지만 꿈은 여러분이 미래에 할 일, 즉 직업으로 나타날 겁니다. 그러니까 미래에 대해 조금이라도 미리 알고 있다면 내가 준비할 수 있는 부분을 좀 더 쉽게 알 수 있습니다. IT 기술로 빠르게 변화하는 미래에 우리가 직업에 대해 가져야 하는 자세도 알아 두면 좋겠죠. 이 책에서는 여러분에게 앞으로 다가올 미래 그리고 직업이란 무엇인가에 대한 이야기가 펼쳐집니다. 내가 꿈꾼 직업이 어떤 형태로 변화할지 살피고 그 변화에 맞게 꿈을 펼칠 수 있는 기초 체력을 길러 두세요. 그 기초 체력이 무엇인지 흥미롭게 알려 주려고 노력했답니다.

이 책에 나오는 다양한 IT 직업에 대해서는 우리나라 최고의 ICT 연구기관인 한국전자통신연구원의 연구원들이 예측한 내용을 토대로 정리했습니다. 아울러 이 책을 쓰는 데 아낌없는 조언을 해 주신 한국전자통신연구원 성과홍보실의 정길호 실장님과 부족한 글을 끝까지 기다려 주신 팜파스 출판사의 박선희 팀장님, 그리고 작가 대열에 발을 담글 수 있도록 추천해 준 《휴보이즘》의 저자 전승민 작가에게 감사를 드립니다.

김상현

 차례

삼총사, 미래 직업에 대해 고민하다

이야기 하나

어린이친구들에게 4

지금 하고 싶은 일이 과연 미래에도 남아 있을까? 14

미래의 일을 찾기 위한 과거 여행을 떠나다! 24

왜 미래 직업을 탐험하면서 IT 기술을 살펴봐야 할까요? 32

IT 기술 이야기 가상 현실(Virtual Reality) 38

이야기 둘

기술은 어떻게 직업을 만들고 또 없애왔을까?

일부러 말보다 더 느리게 달리는 자동차 46

신기술은 사람의 직업을 빼앗아 가는 존재일까? 56

기술의 역사 속에서는 어떤 직업이 살아남았을까요? 64

★ IT 기술 이야기 자율 주행 자동차(Autonomous Car) 72

이야기 셋
혜수, IT 기술을 만들어 낸 사람들을 만나다

세상을 바꾸는 기술을 만드는 비결은 실패에 익숙해지는 것 78

왜 기술을 만드는 데 토론이 필요한 거야? 90

기술을 발전시키기 위해 과연 '기술만' 알아야 할까요? 100

★ IT 기술 이야기 빅 데이터(Big Data) 106

이야기 넷
장군이, 디바와 함께 미래 과학 기술탐험을 하다

기술 옆에 기술 옆에 기술이 있다고? 112

미래 기술이 뒷받침하는 것도 결국 인간의 삶 121

4차 산업혁명의 대표 기술과 관련 직업을 생생하게 알아볼까요? 128

★ IT 기술 이야기 사물인터넷(IoT, Internet of Things) 134

내가 만들어 가는 일의 미래

이야기 다섯

삼총사, 달라진 일의 미래에 대해 토론하다! 140

우리가 만드는 미래, 달라지는 일의 가치에 대해 알아보아요! 154

IT 기술 이야기 인공지능(Artificial Intelligence) 159

이야기 하나

삼총사, 미래 직업에 대해 고민하다

4차 산업혁명 시대,
내가 하고 싶은 일을
로봇이 대신하게 된다면
어떻게 해야 할까?

지금 하고 싶은일이 과연 미래에도 남아 있을까?

여름 햇살은 뜨겁지만 시원한 바람이 머릿결을 기분 좋게 간지럽혔어. 학교 수업을 마치고 장군이와 샛별이는 함께 집으로 향했어. 집으로 가는 자율 주행 셔틀버스를 탈 수 있지만, 두 사람은 오늘은 걸어서 가기로 했어. 샛별이가 버스를 타고 빨리 집에 도착하고 싶지 않다고 했거든. 터벅터벅 걸으며 샛별이가 아주 불만스러운 얼굴로 장군이에게 물었어.

"대체 그런 질문은 왜 자꾸 하는 거야?"
"잉? 갑자기 그게 무슨 말이야?"

"왜 자꾸 커서 뭐가 되고 싶냐고 물어보냐고."

장군이는 그런 샛별이를 보며 어깨를 으쓱했어.

"흠. 딱히 할 말이 없어서?"

"아, 장난하지 말고. 나 지금 심각해."

발끈 하는 샛별이를 보고 장군이는 킥킥 웃었어. 아무래도 샛별이가 오늘 학교에서 장래 희망을 발표하는 숙제 때문에 스트레스가 많았나 봐. 샛별이는 아무리 생각해도 커서 어떤 사람이 되고 싶은지 잘 모르겠대.

사실 장군이도 샛별이만큼 그 질문이 어렵게 느껴졌어. 질문을 들을 때마다 매번 대답이 달라졌거든. 장군이는 어떤 때는 만화가가 되고 싶고, 어떤 때는 의사가 되고 싶기도 했어.

그러다가 얼마 전에 정말 하고 싶은 것을 발견했지. 장군이는 눈을 반짝이며 샛별이에게 말했어.

"나는 책을 읽어 주는 일을 하고 싶어."

장군이의 말에 샛별이가 의아한 얼굴이 되었어.

"책을 읽어 주는 일?"

"응. 사람들에게 책을 읽어 주는 일을 하는 거야. 얼마 전에 체험 학습으로 '나만의 오디오북'을 만들었는데, 그게 무지 재미있더라고."

"치. 그건 그냥 체험 활동이지. 그런 직업이 어디 있냐?"

"왜 없어? 낭독해 주는 사람들이 있잖아. 시력이 나쁜 사람들도 책을 읽어 주면 얼마나 좋아하겠어?"

"그건 목소리가 엄청나게 좋은 몇몇 사람들만 하는 일이지. 그리고 혜수가 그러는데, 요즘은 책을 읽어 주는 기계가 따로 있대."

"뭐? 정말?"

샛별이의 말에 장군이의 눈이 휘둥그레졌어. 얼마나 놀랐는지 가던 걸음도 우뚝 멈춰 설 정도였지.

"응. 혜수의 오빠가 인공지능 프로그래머잖아. 혜수의 오빠가 만든 제품 중에 그런 제품들이 있다고 하더라. 그리고 앞으로 그런 일은 사람이 하지 않고 기계가 대신해 줄 거래. 사람이 하면 비용이 많이 들지만 기계가 할 경우에는 비용도 적게 들어간대."

샛별이가 말하자 장군이의 눈꼬리가 아래로 축 쳐졌어. 모처럼 진짜 끈기 있게 해 보고 싶은 일을 발견했는데. 그 일을 이제 기계가 하게 될 거라니.

"그럼 지금 활동하는 전문 낭독가들은 어떻게 되는 거야?"

"음. 뭐 기계들과 경쟁하면서 일하게 되지 않을까?"

"설마 기계가 인간보다 더 좋은 목소리로 책을 읽겠어?"

"칫. 혜수네 집에서 내가 들어 봤는데, 기계 목소리도 꿀 발라 놓은 것처럼 달달하게 들리던데?"

그러자 장군이 더 풀이 죽은 얼굴이 되었어.

"그럼 나는 무슨 일을 해야 하지?"

장군이가 시무룩해지자 샛별이는 자신의 고민도 잊은 채 장군이의 진로에 대해 곰곰이 생각해 보았어. 장군이는 이름과는 정 반대로 활달하게 움직이는 것보다는 조용히 앉아 책을 보는 걸 좋아해. 사실 책을 읽어 주는 일도 기계가 대신하지 않는다면 장군이와 참 어울리는 일일 텐데. 샛별이도 덩달아 아쉬웠지.

"흠. 장군아. 너는 책을 좋아하니까 작가가 되어 보는 건 어때?"

"작가? 그래. 맞아. 설마 글을 쓰는 건 기계가 대신해 주지 않을 테니까."

"땡!! 틀렸습니다!"

그때 뒤에서 갑자기 혜수가 나타나 대꾸했어.

"어? 혜수야?"

샛별이가 반갑게 혜수를 불렀어.

"크크. 집에 안 가고 왜 길에 서 있냐?"

혜수가 반갑게 웃자 샛별이도 싱긋 웃었어. 장군이도 혜수를 보고 반가운 마음이 들었지만 활기차게 웃으며 인사하지 못했지. 바로 혜수의 대답 때문이었어.

"혜수야. 틀렸다니. 그러면 글도 기계가 대신 써 준다는 말이야?"

장군이가 냉큼 묻자 샛별이도 궁금한 얼굴로 혜수를 보았어. 혜수는 가방끈을 잡고 고개를 끄덕였어.

"응. 이미 기사는 많은 양을 기계가 쓰고 있잖아. 그리고 소설도 빅데이터로 사람들이 재미있어 하는 줄거리를 찾아서 대신 써 주는 인공지능이 나왔대."

혜수의 말은 꽤 믿을 만했어. 왜냐구? 혜수의 오빠가 인공지능 프로그래머인데다가 혜수의 아빠는 IT 기술 연구소에 다니고 계시거

든. 혜수도 그 영향을 받아 일찍부터 정보 통신 기술에 관심을 가졌어. 얼마 전에는 '가상 현실 게임 대회'에서 우승도 했지.

샛별이는 혜수의 말에 감탄했어.

"역시 혜수 너는 모르는 게 없구나."

"다 오빠가 알려 준 거지 뭐."

즐겁게 이야기를 나누는 샛별이와 혜수와 달리 장군이의 분위기는 더욱 침통해졌어.

"큰일 났네. 작가도 기계가 한다면 앞으로 나는 무슨 일을 하지?"

"맞아. 지금 하고 싶다고 해도 앞으로 그 직업을 기계가 대신해 버리면 무슨 소용이야?"

"이럴 바엔 그냥 꿈이나 진로는 미리 고민하지 않는 게 낫지 않을까?"

혜수도 샛별이와 장군이의 고민을 알 수 있었어.

문득 오늘 수업 시간에 선생님이 하신 말씀이 떠올랐어. 선생님이 지금은 어릴 때부터 자신의 꿈에 관심을 갖고 준비해야 하는 시대라고 말씀하셨거든.

"20세기 위대한 미래학자 '피터 드러커'는 '미래는 상상하는 것이 아니라 만들어 가는 것'이라고 말했어요. 자, 우리는 2025년을 살아

가고 있지요? 지금을 사는 여러분은 이제 어떤 미래를 만들어 갈지 고민해야 한답니다. 그런 의미에서 다음 주까지 자신이 커서 어떤 일을 하고 싶은지 고민해 보세요. 그 다음에 한 명씩 발표하는 시간을 가져 볼게요. 일주일 안에 여러분의 꿈을 결정하라는 것은 아니에요. 다만 미래에 대해 깊이 생각해 보는 시간을 갖길 바라요."

혜수는 의아한 생각이 들었어. 이렇게 기술이 빠르게 변하는데, 선생님은 왜 지금부터 미래에 대해 관심을 갖고 준비해야 한다고 하신 걸까?

"미래에 대해 고민하고 준비하는 것에 대해 분명 어떤 의미가 있을 거야."

혜수의 말에 샛별이와 장군이는 기대에 찬 눈으로 혜수를 바라보았어. 혜수라면 무언가 방법을 알려 줄지 모른다고 생각했거든.

"하지만 나도 역시 무슨 일을 하고 싶은지는 결정하지 못하겠어."

혜수의 말에 샛별이와 장군이는 맥 빠진 얼굴이 되었어.

"너도?"

"응. 하고 싶은 게 너무 많은데 어떻게 하나를 골라? 나는 그냥 다 할래."

"으휴. 박혜수."

혜수의 말에 샛별이는 허탈한 표정을 지었어. 하고 싶은 일이 너무 많아서 문제라는 혜수가 부럽기도 했어.

"나도 너처럼 하고 싶은 일이 많았으면 좋겠다. 나는 무슨 일을 해야 할지 모르겠다고."

장군이도 고개를 끄덕이며 말했어.

"맞아. 무슨 일을 해야 할지도 모르겠지만 무슨 일이 있는지도 잘 모르겠어. 작년에는 진로 캠프에도 다녀왔는데 직업이 엄청나게 많이 있더라. 그런데 너무 많으니까 오히려 더 막연해졌어. 그중 내가 하고 싶은 것을 꼽기가 힘들더라고. 우리가 어른이 되었을 때는 어떤 직업이 더 인기 있고 유망한지도 모르겠어."

혜수는 장군이의 말을 듣고는 손가락으로 턱을 매만지며 생각에 잠겼어.

"흐음. 장군이 말을 들으니까 내가 하고 싶은 VR 게이머도 미래에는 사라지는 직업이 될지도 모르겠네. 새로운 기술이 너무 빨리 생겨나니까."

"맞아. 근데 왜 지금 진로를 고민해야 하지?"

"선생님은 왜 그런 말씀을 하신 걸까?"

혜수와 샛별, 장군이는 잠시 말이 없었어. 그때 여름의 더운 기운을

실은 바람 한 줄기가 세 사람을 스쳐 지나갔어. 혜수는 손바닥을 딱! 맞부딪치며 입을 열었어.

"우리끼리 고민할 게 아니야. 오빠한테 물어보자."

"너희 오빠?"

샛별이가 묻자 혜수는 크게 고개를 끄덕였어.

"아무래도 오빠는 미래 기술을 더 공부하고 있으니까. 좀 더 구체적인 방법을 알고 있을지도 몰라."

혜수의 말에 샛별이와 장군이의 표정이 한층 밝아졌어. 둘 다 반짝이는 눈빛으로 혜수를 보았지.

"정말?"

"응. 그럼, 지금 오빠가 일하는 VR 센터로 가 볼까?"

혜수의 말에 샛별이와 장군이는 함박웃음을 지으며 대답했어.

"좋아!"

미래의 일을 찾기 위한 과거 여행을 떠나다!

"그러니까, 너희들이 미래에 뭐가 될 수 있는지 알고 싶다는 말이지?"

민수는 팔짱을 끼고 아이들을 내려 보았어. 갑자기 민수의 사무실에 들이닥친 아이들의 얼굴에는 기대감이 가득했어. 반면 민수의 얼굴에는 곤란함이 고스란히 묻어났지.

혜수가 앞으로 나서서 말했어.

"오빠. 이건 정말 중대한 일이야. 다음 주까지 미래 직업에 대해 발표해야 한다고. 그런데 우리가 도대체 미래에 뭘 할 수 있을지 알아야 말이지. 오빠는 미래 기술에 대해 연구하고 직접 사용하기도 하니까 우리에게 분명 도움이 될 거야."

민수는 곰곰이 생각했어. 세 아이들에게 어떻게 미래 기술을 알려 줄 수 있을지 고민이 되었거든.

민수는 인공지능 프로그램을 가지고 제품을 만들고, 연구소에서 가상 체험을 전문으로 맡고 있어. 가상 체험 기술은 가상의 세계를 현실처럼 보여 주는 장비지. 하지만 이런 기술로 어떻게 아이들의 미래 직업을 알려 줄 수 있을까?

두 눈을 반짝이며 자신만을 쳐다보는 세 아이들을 보니 민수는 어떻게든 도움을 주고 싶어졌어. 아이들을 실망시키고 싶지 않았지.

그때 민수 책상에 놓인 인공지능 비서가 알림 메시지를 읽어 주었어.

― 박현식 박사님이 찾아오셨습니다.

"아빠가?"

혜수와 민수는 동시에 문 쪽을 바라보았지. 곧이어 문이 열리고 혜수의 아빠, 박현식 박사가 걸어 들어왔어.

"아빠!"

"하하, 그래. 혜수가 왔다기에 잠시 들렸어. 우리 딸이 여기는 어쩐 일이야."

"오빠한테 볼일이 있어서요."

"오빠한테?"

혜수의 아빠가 민수를 보자 민수가 팔짱을 풀고 고개를 끄덕였다.

"애들이 미래 직업에 대해 알아보고 싶다고 도와 달라네요."

"오? 미래 직업?"

"네! 저희가 모두 앞으로 무슨 일을 하고 싶은지를 고민해서 발표해야 하거든요. 근데 미래는 IT 기술과 떼려야 뗄 수가 없잖아요. 그래서 IT 미래 기술에 대해서 오빠한테 도움을 받으려고요. 직업 정보도 얻고요."

혜수의 당찬 말에 샛별이와 장군이도 열심히 고개를 끄덕였어. 그 모습이 귀여워 박사는 빙그레 미소를 지었어.

"우리 민수가 무척 보람된 역할을 맡았구나."

아빠의 말에 민수가 난처한 얼굴이 되었어. 가뜩이나 뭘 알려 줘야 할지 고민되는데 아빠의 말에 더 부담이 되었지. 그런 민수 마음도 모르고 아빠는 계속 말씀하셨어.

"그래. 미래 기술에 대해서 관심을 갖는 것은 무척 좋은 생각이다. 미래 사회는 더욱 컴퓨터 기술과 밀접하게 연관될 거거든. 지금부터 어떤 것을 준비하면 좋을지 알아보고 고민한다면 분명 미래 직업을 얻는 데도 도움이 될 거야."

"정말요?"

박사의 말에 아이들은 역시나 이곳에 잘 왔다는 생각을 했어. 미래 직업에 대한 실마리를 찾을 수 있을 것 같았어. 반면 민수의 표정은 한층 더 난처해졌지. 고민 끝에 민수는 입을 열었어.

"하지만 아빠, 여기서 활용하는 기술을 아이들에게 설명해 주자니 좀 어려운데요."

"흠."

민수의 말에 박사는 잠시 생각에 잠겼어. 급변하는 기술을 아이들에게 알려 주는 것이 쉬운 일은 아니거든.

박사는 민수의 사무실을 둘러보았지. 민수가 일하는 컴퓨터와 모니터가 놓인 책상에는 큰 고글이 놓여 있었어. 바로 가상 체험을 할 수 있는 장비였지. 문득 박사는 좋은 생각이 떠올랐어.

"미래 직업에 대해 알아보고 싶다면 직업이 어떻게 변화되어 왔는지를 살펴보는 것도 좋은 경험이 될 거야. 어떠냐? 과거로 여행을 떠나 보는 건?"

"네? 과거로 여행을 떠난다고요?"

혜수와 장군, 샛별이는 물론 민수마저도 박사의 말에 눈이 휘둥그

러졌어.

"그래. 지금처럼 기술이 직업에 중대한 영향을 끼친 시대로 가 보는 거지."

"에이. 타임머신이 있는 것도 아닌데, 어떻게 과거로 여행을 떠나요?"

장군이의 말에 박사는 씨익 미소를 지으며 민수를 보았어.

"우리에게는 과거로 여행을 떠날 수 있는 장비가 있단다. 그렇지 않니? 민수야?"

"아, VR 체험이요?"

민수는 그제야 박사의 의도를 알아차렸어. 가상 현실 체험을 하면 미래를 보여 줄 수는 없지만 과거만은 생생하게 체험할 수 있었지. 마침 민수가 맡은 가상 체험 서비스는 과거 생활 속을 들여다볼 수 있도록 프로그램이 되어 있었어.

민수는 밝게 웃으며 고개를 끄덕였어.

"맞아요. 아빠. 과거로 떠나는 여행은 충분히 가능해요."

"예전에도 기술이 직업과 사회에 지대한 영향을 끼친 시기가 많았단다. 산업혁명이나 정보화혁명이 일어난 시기도 직업에 큰 변화가 있었지. 그때 어떤 기술이 발달하고, 어떤 기술이 쇠퇴했는지 살펴보면 어떨까? 기술의 흐름을 파악하는 중요한 정보를 얻을 수 있을지 몰라. 과거에서 미래의 모습을 보게 될 수도 있지."

박사의 말에 혜수와 장군, 샛별이는 점점 호기심이 생겨났어. 정말 과거를 살펴보면 미래 기술과 직업에 대한 답을 얻을 수 있을까?

VR실로 가는 엘리베이터를 타는 아이들의 가슴은 콩닥콩닥 뛰었어. 미래 직업에 대해 알아보려고 했는데, 과거로 여행을 가게 되다니. 생각지도 못한 여행에 무척 설렜지.

"혜수야. 너는 어느 시기로 가 볼 거야?"

샛별이가 묻자 혜수는 기다렸다는 듯이 냉큼 대답했어.

"나는 스티브 잡스를 만나고 싶어. 그가 만든 기술과 제품이 2025년인 지금까지도 쓰이고 있잖아. 그래서 스티브 잡스가 있던 시대로 가려고."

혜수의 말을 뒤에서 듣던 박사가 고개를 끄덕이며 말했어.

"그래. 그것도 좋겠구나. 기술 역시 사람이 만들어 내는 것이니까. 특히 20세기 말과 21세기 초는 IT 기술을 만든 위대한 창조자들이 살았던 시대야. 그들을 만나면 직업과 연관된 기술에 대한 아이디어를 얻을 수 있을지도 모르지."

혜수가 기대에 찬 얼굴로 샛별이의 옆구리를 쿡 찌르며 물었다.

"샛별아. 너는 어느 시대로 갈 거야?"

"나는 산업혁명 초기로 가 볼래. 영화에서만 봤던 장면들을 실제로 가서 경험할 수 있다니 정말 기대된다."

까르르 웃는 샛별이와 혜수와 달리 장군이는 말이 없었어. 민수가 장군이에게 다가갔지.

"장군아. 너는 어느 과거로 가 보고 싶니?"

장군이는 망설이다가 대답했어.

"저는, 사실 과거를 둘러보고 싶지는 않아요. 지금 일어나는 기술도 다 알지 못하는 걸요."

"흠. 그렇다면 장군이는 현재를 탐험해 보는 게 어때? 이곳 VR센터를 둘러봐도 좋고, IT 기술을 활용한 직업들을 직접 탐방해 보는 거지. 내가 아는 몇 군데를 추천해 주마."

박사의 말에 장군이의 표정이 한층 밝아졌어.

마침내 엘리베이터가 멈춰서고 문이 열렸지. 눈앞에는 바로 VR 체험실이 펼쳐졌어. 아이들은 앞으로 다가올 모험에 가슴이 두근거렸어.

왜 미래 직업을 탐색하면서 IT 기술을 살펴봐야 할까요?

우리는 지금 어떤 시대에 살고 있을까요? 인공지능, 자율 주행 자동차, 드론, 3D 프린터는 이제 익숙한 말들입니다. 이러한 것들이 가득한 세상. 어른들은 우리가 사는 이 시대를 4차 산업혁명의 시대라고 부릅니다.

그렇다면, 4차 산업혁명 시대는 어떤 세상일까요? 전문가들은 초연결, 초지능 사회라고도 합니다. '초지능'이란 인간의 두뇌를 능가하는 인공지능을 말합니다. 초연결이란 인터넷을 통해서 세상 모든 것들이 서로 연결되는 것을 의미한답니다. 우리의 상상보다 기술이 더 밀접하게 삶에 들어온 시대, 그것이 우리가 사는 현재와 살아갈 미래의 모습입니다.

IT 기술은 무엇을 말하는 걸까요?

그렇다면 어떤 기술이 우리의 지금 삶을 바꾸고 있는 것일까요? 바로 ICT, 우리나라 말로 하면 정보 통신 기술이랍니다. ICT는 간단히 말해 수많은 정보를 통신으로 연결해서 만들어 내는 모든 기술을 이야기합니다. 가장 대표적으로 인터넷을 생각할 수 있겠네요. 또 스마트폰, 인공지능 스피커 등 전자 기기를 더욱 똑똑하게 만드는 기술도 포함합니다.

스마트폰, 드론 등 우리는 이미 엄청난 ICT 기술과 함께 살고 있습니다. 이제는 여러분이 먹는 음식에까지 ICT 기술이 들어올지도 모르겠네요. 어떻게 들어오냐고요? 집에 있는 냉장고가 그날 필요한 식재료를 자동으로 주문하고, 마트에서는 주문받은 재료를 드론으로 배달할 날이 얼마 남지 않았답니다.

ICT에 대해 자세히 알아볼까요?

ICT는 Information & Communication Technology의 약어입니다. 말 그대로 정보 기술과 통신 기술이 합해진 기술입니다. 정보를 주고받으면서 서로 운영하고 관리하기 위해 필요한 기술입니다. 줄여서 ==정보 기술== 즉 ==IT==라고도 합니다.

이 용어는 1980년대 처음 생겼어요. 하지만 유명해진 것은 1997년 데니스 스티븐슨이 영국 정부의 보고서에 ICT라는 단어를 사용하면서부터입니다. 근 20년 이상 우리는 ICT가 만든 세상에서 살아온 겁니다. 그러다 인터넷과 스마트폰의 개발로 정보량이 빠르게 늘어나고 인공지능 기술까지 발달하면서 성장 속도가 급격하게 빨라진 거지요.

미래 사회에 IT기술이 어떤 영향력을 끼칠까요?

앞으로 세상이 얼마나 더 신기하게 변할지 모르지만 그 바탕에는 반드시 ICT 기술이 있을 겁니다. 그래서 미래 직업을 생각할 때 ICT를 빼놓고 이야기하면 안 돼요.

예전의 드론은 그냥 사람이 조종하는 대로만 움직였습니다. 하지만 지금은 자동으로 사람을 따라다니기도 하고 안전한 경로를 찾아 움직이기도 합니다. 드론 촬영 금지 구역에 다가가면 자동으로 멈추는 기능도 생겼습니다.

또한 이제 사람들은 운전대에 손을 올려놓을 필요가 없습니다. 자

율 주행 자동차가 알아서 목적지까지 가장 빠른 길로 안전하게 데려다줄 테니까요.

　어쩌면 미래 사회에는 학교가 없어질 수도 있어요. 이제 여러분이 어디에 있든 그곳이 바로 학교가 될 수 있거든요. 따로 무거운 노트북을 들고 다니지 않아도 스마트 안경 같은 기기로 수업을 들을 수 있고, 어디서나 선생님과 상담을 할 수 있게 될 거예요. 그 선생님이 인공지능 로봇이 될 수도 있고요. 미래가 어떻게 변할지는 저보다 여러분이 더 잘 알고 있을 겁니다. 여러분의 상상력이 바로 미래가 될 테니까요.

미래에 어떤 직업이 생겨날지를 알기 위해 왜 과거를 살펴야 할까요?

　우리의 상상이 곧 미래가 된다고 해도 우리는 미래만 보아서는 안 된답니다. 이러한 기술들이 어떻게 시작했고 어떤 시행착오를 겪으면서 발달했는지 돌아봐야만 하지요. 과거의 인류도 상상을 통해 미래를 설계하고 실수하면서 발전해 나갔거든요. 과거의 모습을 현재에 비춰 보면 같은 실수를 피해 갈 수 있지 않을까요? ICT 기술이 없을 때 사람은 어떻게 살았을지, 그리고 그 시대에는 어떤 직업들이 있었는지를 살펴본다면 우리 미래 직업의 방향도 알기 쉬워집니다.

　왜일까요? 기술은 사람이 살아가는 데 보조하는 역할이지 사람의 삶을 이끌어 가는 것이 아니기 때문이에요. 어린이 친구들보다 더 오래 삶을 살아온 어른들은 종종 이런 말을 합니다. "사람이 사는 모습은 예나 지금이나 같다"라고요. 이것은 어떤 의미일지 생각해 볼까요? 예전에도 지금보다 불편했겠지만 사람들은 자신의 일과 행복을 찾아 누리며 살았습니다. 그러다 불편함을 극복하기 위해 새로운 기술을 탄생시키고 그 와중에 ICT가 생겨나게 된 거지요. 과거의 모습을 통해 우리는 삶을 살아가는 모습, 인간성을 잃지 않는 법을 배워야 합니다. 그리고 그 삶을 위해 기술이 어떤 일을 하고, 어떻게 세상과 직업을 변화시켰는지를 살펴보아야 합니다. 또한 사람들은 어떻게 그 변화에 적응해 왔는지를 알아본다면 우리가 미래 직업을 찾고 변화에 대해 대비하는 데 큰 도움이 될 겁니다.

IT 기술 이야기

가상 현실
(Virtual Reality)

ICT가 만든 대표적인 기술이 바로 가상 현실입니다. 가상 현실(VR, Virtual Reality)이란 '실제 같지만, 실제가 아닌 인공 환경'을 의미합니다. 최근에는 이 가상 현실이 보이는 시각에서 그치지 않고 냄새를 맡는 후각, 감각을 느끼는 촉각, 듣는 청각 등 사람의 모든 감각에 직접 작용하는 기술까지 등장했습니다.

지금 쓰이는 가상 현실 기술과 가장 비슷한 모습이 나오는 영화는 1995년에 만들어진 '코드명 J'입니다. 이 영화의 주인공은 HMD(Head Mounted Display)를 머리에 쓰고 가상 키보드 역할을 하는 데이터 글로브(Data Glove)를 양손에 착용합니다.

● 입체 영상에서 오감을 자극하는 기술로 발전하다

가상 현실 기술은 어떻게 탄생하게 되었을까요? 시각적인 3D 기술을 가상 현실의 출발선으로 볼 수 있습니다. 그렇다면 19세기에 개발된 '스테레오스코프(Stereoscope, 입체경)' 기술이 가상 현실 기술의 시작 아닐까요? 스테레오스코프는 각 눈에 보이는 이미지의 차이로 입체감을 느끼는 양안시차(Stereoscopic Vision) 원리를 이용한 기술입니다. 다양한 방식이 있지만 가장 유명한 방식은 애너글리프(Anaglyph) 방식, 즉 '적청 안경(안경의 왼쪽에는 붉은색을 오른쪽에는 청록색 렌즈를 입힌 안경)'입니다. 2차원 영상이나 평면 위에서 왼쪽 눈과 오른쪽 눈에 착시를 일으켜 3차원을 느끼게 하는 방식이지요.

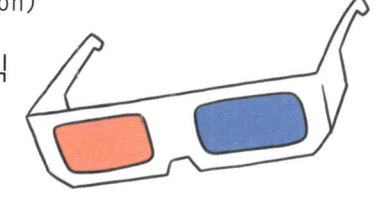

단순 입체 영상을 넘어선 가상 현실 기술이 탄생한 것은 20세기 중반이 되어서입니다. 바로 1968년 미국 유타 대학의 이반 서덜랜드(Ivan Edward Sutherland)가 연구한 HMD입니다. 이 기술은 안경처럼 쓰고 대형 영상을 즐길 수 있는 영상표시장치인데 지금의 '플레이스테이션 VR'이나 삼성의 '기어 VR'처럼 가볍게 머리에 쓸 수는 없었습니다. 무려 천장에 선을 연결해 지탱해야 할 만큼 무겁고 불편했습니다. 가상 현실 화면도 단순한 선으로 이루어진 공간만 가능했습니다. 서덜랜드의 HMD 발표 후 1년이 지난 1969년에 미국항공우주국(NASA)이 아폴로 계획

⭐ IT 기술 이야기

을 진행합니다. 그러면서 승무원 훈련용으로 컴퓨터 상호작용 반응 시스템을 구현했습니다. 이때부터 가상 현실 기술은 본격적으로 발전하지요. 1980~90년대에는 영화 '토탈리콜', '코드명 J', '매트릭스' 같은 대중문화에 '가상 현실'이 계속 등장하며 대중의 관심도 끌게 됩니다.

2000년대 중반에 들어서면서 게임 시장과 함께 3D 그래픽 기술이 매우 발전합니다. 그러면서 가상 현실 기술도 발전하게 되지요. 최근 가장 급성장하는 가상 현실 산업도 바로 게임입니다. 소니는 플레이스테이션 VR을 발표하고 '바이오하자드', '섬머레슨' 같은 가상 현실 게임을

발매하며 이 분야를 널리 알리고 있습니다. 최근에는 VR 센터가 생겨서 누구나 쉽게 VR 게임을 즐길 수 있게 되었지요. 컴퓨터를 이용한 게임 그래픽이 현실과 비슷해지면서 사람들은 가상 현실에 좀 더 몰입할 수 있게 됐습니다. 그리고 시각만 속였던 가상 현실은 이제는 청각과 촉각, 후각까지 영역을 넓힐 준비를 하고 있습니다.

이 덕분에 가상 현실을 디자인하는 디자이너는 매우 각광받는 직업입니다. 앞으로 좀 더 가볍고 성능이 좋은 디스플레이를 개발하는 일도 필요합니다. 게임, 방송 같은 엔터테인먼트 분야를 넘어서 의료나 교육 등에도 많이 활용될 예정입니다. 그만큼 무궁무진한 가상 현실 콘텐츠가 필요해지겠지요. 가상 현실 콘텐츠를 기획하고 디자인하는 일에 도전해 보는 것은 어떨까요?

증강 현실 (Augmented Reality)

증강 현실(AR, Augmented Reality)은 가상 현실과 비슷하지만 약간 다른 개념의 ICT 기술입니다. 1997년 로널드 아즈마(Ronald T. Azuma)에 의해 정의된 기술이지요. 이 기술은 보통 스마트폰 또는 안경 형태 같

★ IT 기술 이야기

은 기기의 카메라를 이용해 보이는 이미지에 별도의 추가 정보를 실시간으로 덧붙입니다. 가장 대표적인 증강 현실 기술로는 '포켓몬 고' 게임이 있습니다. 증강 현실은 보이는 모든 것을 가상으로 만든 가상 현실과 달리, 현실을 바탕으로 하기 때문에 현실감과 감성적 측면이 뛰어납니다. 이러한 장점으로 인해 증강 현실은 방송, 게임, 교육, 오락, 쇼핑 등 다양한 분야에서 활용됩니다.

미래에는 '가상 망막 디스플레이'라는 기술이 개발돼서 증강 현실 이미지를 눈의 망막에 직접 보여 주는 디스플레이가 생길 겁니다. 그렇게 되면 스마트폰이나 안경 같은 장치가 없어도 아무 곳에서나 증강 현실을 즐길 수 있겠지요. 야구장 관중석에서 출전 선수의 정보가 선수 머리 위에 표시되거나, 걸으면서 친구와 영상 통화를 할 수도 있습니다.

또 다른 예를 들면 의사가 직접 왕진을 가지 않아도 먼 곳에 있는 환자의 모습을 보면서 진찰할 수 있습니다. 환자의 시계나 안경 등을 통해 받은 건강 정보를 바탕으로 병을 알아내고 치료법을 알려 줄 수도 있습니다. 영화 '아이언맨'을 보면 주인공이 인공지능 시스템과 대화하면서 현실 세계에서 여러 디지털 정보를 수집하는 장면이 나오는데, 이것이 바로 증강 현실의 미래라고 볼 수 있습니다.

가상 망막 디스플레이 기술이 실현된다면 이와 같이 별다른 장치 없이 증강 현실을 즐길 수 있습니다.

최근 학자들은 증강 현실이 가상 현실보다 실용성이 더 크다고 판단합니다. 증강 현실이 발달하면 보이는 것을 직접 만지고 냄새를 맡을 수 있는 기술에 대한 연구도 더 많아질 겁니다. 야구장에 직접 가지 않고도 친구들과 모여서 실제처럼 야구를 할 수 있는 시대도 곧 열릴 거고요. 그렇게 되면 지금의 '스크린 골프'보다 더 인기가 좋을지 모릅니다.

이야기 둘

기술은 어떻게 직업을 만들고 또 없애 왔을까?

사라지는 일, 생겨나는 일
과거 산업혁명을 지나며
일자리는 어떻게 달라져 왔을까?

일부러 말보다 더 느리게 달리는 자동차

　VR 룸에 들어가자마자 혜수와 샛별이, 장군이는 이리저리 둘러보기에 여념이 없었어. 아이들이 구경하는 사이에 박사는 연구실에서 배낭 세 개를 들고 왔지.

　"자, 여기 너희들에게 도움을 줄 친구를 데려왔단다."

　"친구요?"

　아이들은 주변을 두리번거렸지만 자신들 말고는 모두 어른들뿐이었어. 분명 친구를 데려왔다고 하셨는데?

　"자, 바로 여기 있다."

박사가 자신만만한 얼굴로 내민 것은 바로 배낭 세 개였어.

"잉? 아빠? 이게 친구야?"

"이건 그냥 가방이잖아요."

"맞아요. 가방이 무슨 친구예요?"

아이들의 질문에도 박사는 그저 빙그레 웃었지. 그러고는 친구들에게 배낭을 하나씩 멜 수 있도록 했어. 박사는 혜수가 멘 가방 어깨에 있는 스위치를 눌렀어. 그러자 배낭이 갑자기 부풀며 이상한 소리를 내기 시작했어. 평범한 가방이 순식간에 로봇으로 변해 갔어.

혜수는 그대로 얼어붙었고 샛별이와 장군이의 눈은 휘둥그레졌지.

"이, 이게 어떻게 된 거야?"

"혜수야. 괜찮아?"

"어? 어. 괜찮긴 한데."

등 뒤에 로봇이 매달린 모습이 되어 혜수는 어쩔 줄 몰라 했어. 하지만 샛별이와 장군이는 이내 신기해하며 혜수 등에 달린 로봇에게 다가갔어.

"얘들아. 이 로봇의 이름은 디바란다. 아저씨가 개발한 인공지능 로봇이지. 디바는 백과사전만큼 똑똑해. 인터넷으로 여기 있는 가장 큰 컴퓨터와 연결되어 모든 정보를 분석할 수 있거든. 너희들이 궁금해하는 것도 아주 속 시원하게 알려 줄 거야. 하나의 인공지능이 세 개의 배낭 로봇에 다 연결되어 있으니 다른 친구가 뭘 하고 있는지도 알려 줄 수 있단다."

"우아, 정말요?"

박사의 말에 혜수는 그 자리에서 방방 뛰었어. 너무 신나 어쩔 줄 몰랐거든. 샛별이와 장군이도 한껏 상기된 얼굴로 디바를 보았어.

"진짜 신기하다."

"이 가방 위 뚜껑 부분에 있는 게 마치 눈 같아. 그치?"

장군이가 디바에게 더 가까이 다가가는 순간이었어.

"안녕? 내 이름은 디바야."

"으악!!"

갑자기 배낭 세 개에서 동시에 목소리가 나왔어. 장군이는 깜짝 놀라 비명을 질렀고, 샛별이와 혜수도 얼떨떨한 얼굴이 되었어. 정말 말하는 인공지능 로봇과 여행을 떠나게 되다니. 센터에 올 때까지만 해

도 전혀 생각도 못했던 일이야. 궁금한 점이 이만저만이 아니었지만, 아이들이 물을 새도 없이 박사가 말했어.

"자, 이제 여행을 떠날 시간이다."

샛별이가 VR 슈트와 장갑, 고글을 낀 지 얼마나 되었을까? 촉감을 고스란히 전해 주는 슈트도 처음에는 답답했는데 점차 편하게 느껴졌어. 화면을 보여 주는 VR 고글도 알맞게 조절되어 있었어. 민수는 샛별이가 준비를 마쳤다는 신호를 보내자 프로그램을 가동했어.

쉬이~ 잉~.

마치 어딘가 빨려 들어가는 것처럼 느껴지다가 일순간 주변이 옛날 영화에서 본 듯한 거리로 변했지.

"여긴 어디지?"

샛별이는 주위를 두리번거렸어. 건물들을 보니 왠지 유럽 같았어. 사람들의 옷과 머리 모양이 무척이나 독특했어. 길은 아직 포장하지 않았는지 흙이 날리고 차는 거의 보이지 않았어. 그 대신 말과 마차가 거리를 달렸어.

"우아, 옛날 거리는 이렇게 생겼구나."

샛별이가 중얼거리자 배낭에서 띠로롱 소리가 나면서 디바가 켜졌어. 반짝이는 노란색 눈이 ^^ 모양으로 변하면서 설명을 시작했어.

"여긴 19세기 영국이야. 산업혁명은 18세기에 시작됐지만, 자동차는 19세기에 탄생했거든. 우리는 자동차가 도로에 다니기 시작한 시기로 왔어. 1826년 영국에서 최초로 실용화된 자동차가 등장했어. 보다시피 이때는 마차와 자동차가 함께 다녔지."

백과사전만큼 똑똑하다더니 정말 디바는 샛별이가 모르는 것을 술술 알려 주었어. 샛별이는 디바의 설명을 들으며 걸었어. 저쪽에서 아주 오래되어 보이는 자동차가 오고 있었어. 그런데 이상하게 너무 느리게 달리지 뭐야?

"여기 자동차들은 왜 이렇게 느리지? 아직 기술이 발달하지 않아서 그런가?"

샛별이의 말에 디바가 대답하려는 때 갑자기 큰 목소리가 들렸어.

"어이, 거기 아가씨. 비키라고. 자동차가 와요."

샛별이가 깜짝 놀라 뒤를 돌아보니 한 남자가 붉은 깃발을 들고 이쪽을 향해 달려오고 있었어. 그 뒤에는 자동차가 서서히 달려오고 있었지. 자동차를 피하는 건 어렵지 않았어. 너무 느리게 달리고 있었거든.

"도대체 속도가 얼마나 되는 거야? 저렇게 느린데 자동차가 맞는 거야?"

샛별이가 또다시 의아해하자 디바가 바로 설명해 줬어.

"지금 저 자동차는 시속 3km로 가고 있어. 사람이 빨리 걷는 속도가 시속 4km 정도니까 사람보다 느린 거지."

"정말로 사람보다 느린 거였네?"

사람보다 느린 자동차가 대체 왜 다니는 걸까? 무슨 소용이 있다고. 샛별이는 깃발을 들고 소리치는 사람 옆으로 갔어.

"아저씨. 이 자동차는 왜 이렇게 느려요? 빨리 달리지 못하는 자동차인가요?"

샛별이가 옆에서 따라가며 묻자 깃발을 들고 달리는 사람은 귀찮아하는 기색이 역력했어.

"무슨 소리야. 우리나라 자동차는 시속 40km까지 달릴 수 있다고. 영국의 기술력을 우습게 보지 마."

남자는 대답을 하자마자 다시 잰걸음을 옮겼어. "자동차가 옵니다."라고 소리를 지르면서 느리게 움직이는 자동차를 앞서갔지. 그 모습을 보며 샛별이는 할 말을 잃었어.

"지금보다 열 배는 더 빠르게 달릴 수 있으면서 왜 저러는 거야?"

어이없어하는 샛별이에게 디바가 상세하게 설명했어.

"저건 바로 '적기 조례'라는 법 때문이야."

"적기 조례?"

"응, 여기 자동차랑 마차가 아직 같이 다니고 있지?"

그러고 보니 자동차가 발명됐는데도 아직 거리에는 마차가 다니고 있었어. 그것도 자동차보다 더 많이 다녔지.

"그러네. 왜 마차를 타지? 자동차 가격이 비싸서 그런 걸까?"

그런데 속도를 보니 자동차보다 마차가 더 빨랐어. 이렇게 되니 굳이 차를 사서 타고 다닐 이유가 없지 않을까? 샛별이가 온 시대는 이해되지 않는 것투성이였어. 그런 샛별이의 궁금증을 달래 주려는 듯 디바가 눈을 반짝였어.

"말보다 더 빠르고 더 많은 사람을 태우고 다니는 자동차가 등장하자 제일 긴장한 건 마부들이었어. 이 사람들은 자동차가 도로를 망가뜨리고 마차를 타는 귀족들과 말이 놀란다는 이유로 자동차를 못 다니게 해달라고 항의를 했지. 그러자 빅토리아 여왕은 자동차를 운행하려면 속도를 지금처럼 줄이고 사람이 붉은 깃발이나 등을 들고 자동차보다 약 55m 앞을 뛰어다니며 경고하도록 법을 만들었어."

샛별이는 디바의 설명을 듣자 더 어이가 없어졌어.

"그게 뭐야. 그러면 기껏 개발한 기술이 쓸모없어지잖아."

샛별이는 기가 막힌 얼굴로 지나가는 차들을 보았어. 자동차들 앞에는 정말 아까 만난 아저씨 같은 사람이 뛰어다니고 있었어. 여기저기서 "자동차가 지나갑니다."라는 외침이 들렸어. 뭔가 개그 프로그램의 한 장면을 보는 것 같았지. 이 어처구니없는 상황을 아무렇지 않게 느끼는 사람들이 더 신기했어. 그때 디바가 설명을 이어 갔어.

"마부들은 자동차가 발명되고 나서 자신들의 일자리가 없어질 것을 엄청나게 걱정했어. 그래서 일자리를 지키기 위해 기술의 발전을 막는 결정을 한 거야. 그러나 문제가 생겼어."

"문제?"

"응. 학교에서 배웠겠지만, 증기 기관과 증기 자동차는 영국에서 처음 발명했어. 그럼 당연히 자동차의 발전은 영국이 가장 빨라야 할 테지. 그런데 이 적기 조례라는 법이 무려 31년이나 계속되면서 독일, 프랑스보다 영국의 자동차 산업이 뒤처지게 됐지. 새로운 기술이 생겨나는 것을 두려워한 사람들로 인해 나라의 발전까지 뒤처진 대표적인 사건이야."

디바의 설명을 들으니 샛별이의 머리가 조금 복잡해졌어. 자동차는 정말 대단한 기술이긴 해. 그런데 그로 인해 마부나 말을 키우는 사람들의 직업이 없어지는 것은 막을 수 없지.

'만약 내가 마부였다면 자동차의 등장이 어떻게 느껴졌을까?'

샛별이는 사람들이 느낀 두려움을 어렴풋이 알 수 있을 것 같았어.

'장군이도 하고 싶은 일을 인공지능이 대신해 버린다는 말에 우울해했잖아. 하지만 그렇다고 해서 자동차 같은 새로운 기술을 막으면 생활은 더 발전할 수 없어. 이런 고민이 지금만이 아니라 예전에도 있었다니. 과거 사람들의 선택과 결과가 말해 주는 것이 무엇일까?'

한참 고민하는 샛별이의 등에서 디바가 또로롱 소리를 내며 이야기했어.

"또 다른 곳으로 이동할게. 이번에는 바로 우리나라야."

신기술은 사람의 직업을 빼앗아 가는 존재일까?

쉬이 잉~ 소리와 함께 샛별이는 어딘가 빨려 들어가는 느낌을 받았어. 너무 생생해서 지금 VR 룸 안에 있다는 사실도 잊고 말았지. 잠깐 화려한 빛이 지나가더니 다시 어떤 장소로 이동했어.

그곳은 생전 처음 보는 방이었는데 마치 도서관 같았어. 도서관과 다른 점이 있다면 책꽂이에 책이 아닌 뭔가 둔탁한 금속 물체가 가득했다는 거지.

샛별이는 책꽂이에 다가가서 무엇이 꽂혀 있는지 들여다보았어. 자세히 보니 금속에 한글이 반대로 적혀 있었어. 그 수가 어마어마해서

혼자서는 무슨 글씨가 있는지 확인하지 못할 정도였어. 샛별이가 넋을 놓고 쳐다보는데 갑자기 뒤에서 청천벽력 같은 고함이 들렸어.

"야~ 거기! 원고를 빨리 넘겨야지. 뭐하는 거야? 자네가 직접 조판할 거야?"

샛별이는 깜짝 놀라서 소리가 들린 쪽을 돌아보았어. 한 할아버지가 검은 안경과 야구 모자를 쓰고 이쪽을 노려보고 있었어. 한 손에는 자그마한 나무 상자를 쥐고 있었지.

"손에 들고 있는 건 화장실 갈 때 쓸 거야? 마감 시간이 지난 게 언제인데 아직도 손에 들고 있어?"

할아버지의 불호령에 샛별이는 후다닥 손을 보았어. 손에는 종이가 몇 장 들려 있었어. 하얀 종이에 붉은색 칸이 많이 그려져 있었고 칸 안에 손으로 쓴 글씨가 적혀 있었지.

샛별이는 얼떨결에 종이를 할아버지에게 건네 줬어. 할아버지는 눈으로 종이를 훑어보며 혀를 끌끌 찼어.

"신입 기자야? 정신 똑바로 차려야지. 안 그러면 신문사에서 살아남지 못해."

이게 대체 무슨 상황인 걸까? 뭐가 뭔지 몰라 샛별이는 디바에게 속삭였어.

"디바야. 여긴 도대체 어디야? 할아버지가 왜 나한테 신입 기자라고 하셔? 그리고 저 종이는 뭔데 저 할아버지가 저렇게 역정을 내시는 거야?"

디바도 아주 작게 대답했어.

"여기는 1980년대 신문사야. 지금 너는 이 신문사의 신입 기자가 된 거고. 가상 현실 속에서 너는 그 시대에 맞는 모습으로 사람들에게 보이거든. 저 종이는 원고지라는 종이인데. 예전에는 저기에 기사를 썼어. 저 할아버지는 문선공(文選工)이야."

"무슨 소리인지 하나도 못 알아듣겠어."

디바의 설명에도 샛별이는 좀처럼 이해하기 어려웠어. 샛별이는 멍한 표정으로 서서 할아버지의 모습을 바라보았어.

할아버지는 종이에 적힌 글을 한 번 읽어 보더니 곧바로 책장에 있는 금속 물체들을 꺼냈어. 이곳저곳을 뛰어다니며 들고 있는 나무 상자에 착착 금속 물체를 담아냈지. 몇 분이나 지났을까? 할아버지는 그 나무 상자를 샛별이에게 내밀었어. 샛별이가 나무 상자를 들여다보니 한글이 적혀 있었는데 좌우가 바뀌어 있었어. 그제야 샛별이는 이게 학교에서 배운 '활자'라는 걸 눈치챘지.

'아! 저 할아버지는 활자를 찾아서 글을 맞춘 거구나. 근데 진짜 빠

르시네.'

샛별이가 생각에 빠져 있자 할아버지가 다시 목소리를 높였어.

"얼른 확인해 봐. 자네 원고랑 조금 달라. 신문 판에 딱 맞지 않아서 몇 자 수정했어. 도대체 데스크는 뭐하는 거야? 판에 맞게 글자를 고쳐서 내려 보내야지. 바쁜 사람을 훈련시키는 것도 아니고 말이야."

샛별이는 할아버지 말대로 활자를 다시 바라봤어. 원고지의 원고와 활자를 맞춰 보니 몇 글자가 축약되어 있었어.

종이에는 '눈치가 빠른 A 군은 범인이 기다리고 있는 버스 정거장을 지나서 파출소로 뛰어갔다. 거기서 경찰에게 도움을 청했다.'라고 적혀 있었어. 그런데 활자에는 '눈치 빠른 A 군은 범인이 있는 버스 정거장을 지나쳤다. 파출소로 달려가 경찰에 도움을 청했다.'로 바뀌어 있었어. 이전 문장보다 글자가 많이 줄었지. 할아버지는 활자를 찾아 판을 만드는 일만 하는 게 아니라 기사를 다듬어서 신문 판에 맞추는 일도 하시나 봐.

디바가 샛별이만 알아들을 수 있는 소리로 말했어.

"할아버지가 말하는 데스크는 신문 기사를 최종으로 검사하고 승인해 주는 일을 하는 사람을 말해. 데스크의 승인을 받았어도 할아버지가 마지막으로 기사를 수정할 수 있는 권한이 있어."

"진짜? 그럼 무척 대단한 분이네."

샛별이는 놀라기도 잠시, 얼른 할아버지에게 대답했어.

"아, 네. 잘 맞춰진 것 같아요. 감사합니다."

그러고 나서 나무 상자를 할아버지에게 드렸어. 할아버지는 인사도 없이 상자를 들고 가셨지.

할아버지가 저쪽으로 가자 샛별이는 주위를 다시 둘러보았어. 책장에 빼곡하게 꽂힌 활자가 눈에 들어왔어. 한글이 하나하나 들어 있었는데, 얼마나 많은지 셀 수 없을 정도였지. 이 많은 활자 중에 글에 맞는 것만 어떻게 그렇게 빨리 찾을 수 있었을까? 샛별이는 할아버지의 손놀림에 또 한 번 감탄했어.

그런 샛별이의 마음을 알아챘는지 디바가 말했어.

"저 할아버지 대단하지? 저때까지만 해도 저분 같은 문선공은 무척 대우가 좋고, 돈도 많이 버는 직업이었어. 하지만 몇 달 후에 저 할아버지는 직업을 잃게 돼."

"무슨 소리야? 저렇게 대단한 분이 직업을 잃는다니?"

샛별이는 저 할아버지 정도면 기네스북에 오를 수도 있을 거라고 생각했어. 그런 사람이 실업자가 된다고? 도저히 상상이 안 됐어.

"이때 신문사에 컴퓨터가 들어오기 시작하거든."

디바의 말에 샛별이는 결국 고개를 끄덕였어.

'하긴. 지금은 활자라는 것 자체도 찾아보기 어려워. 만일 컴퓨터가 이 시기에 들어왔다면 활자를 정리하는 일은 필요 없어지겠지. 저렇게 멋있는 기술이 컴퓨터 때문에 사라지게 됐구나.'

샛별이는 너무 아쉬웠어. 저렇게 멋진 분들이 사라지다니. 그럼 저 분은 이후에 어떻게 됐을까? 디바는 샛별이의 속마음을 알고 있다는 듯이 말했어.

"신문사에서는 문선공들에게 컴퓨터를 배우길 권했어. 이분들을 그냥 내치기가 너무 미안했던 거야. 하지만 이미 나이가 많은 문선공들은 컴퓨터에 쉽게 적응하지 못했어. 결국 신문사를 떠나셨지. 이후에 출판사 등에서 일하는 분들도 있었어. 하지만 문선공의 일은 컴퓨터와 프린터의 발전으로 활자와 함께 사라졌지."

샛별이는 신기술과 직업에 대한 관계에 대해 점차 혼란스러운 기분이 들었어. 그래서 샛별이도 할아버지처럼 나무 상자를 들고 활자를 찾아보았어. 원고지에 있는 한 줄을 찾아보려고 하다가 이내 포기했어. 너무 글자가 많아 찾을 수 없었거든. 고작 이름 두 글자를 찾는데 10분이 넘게 걸렸어. 할아버지는 아직도 이곳저곳을 뛰어다니시면서 활자를 빠르게 담고 계셨지. 샛별이는 자신이 찾은 '샛별'이라는 활자를 손에 꼭 쥐어 봤어.

　쉬 이잉~ 소리를 내면서 주변이 다시 변하기 시작했어. 손에 꼭 쥐고 있던 활자도 어느샌가 사라졌어.

1차 산업혁명에는 어떤 기술이 태어나고, 이로 인해 어떤 직업이 생겨났을까요?

    1차 산업혁명은 18세기 영국에서 시작되어 유럽과 북미로 급속하게 확산되었답니다. 당시 영국은 다른 나라들보다 정치적으로 성숙하고 일찍 안정을 이루었습니다. 그래서 자유로운 농민층이 나타났는데 이들을 중심으로 모직물 공업이 활성화됐습니다. 그러던 중 제임스 와트가 증기 기관을 발명하면서 대량 생산의 기반을 마련했지요. 이때가 1차 산업혁명의 시작입니다.

    증기 기차와 자동차가 발명되면서 사람들은 물류에서 혁신적인 성과를 내게 됩니다. 말이나 마차로 옮기던 화물을 기차나 자동차로 더 많이 더 빨리 옮기게 된 거지요. 덕분에 마부 같은 직업은 자연스럽게 사라집니다. 마부 중에는  운전을 배운 사람도 있고 아예 다른 직업을 찾은 사람도 있었습니다. 더 많은 물품을 생산하고 더 많은 사람이 그 물품을 구입하게 되면서 생산직이 더 많이 필요해집니다.

2차 산업혁명에는 어떤 기술이 태어나고, 이로 인해 어떤 직업이 생겨났을까요?

2차 산업혁명 시기는 19세기 중후반부터 20세기 초까지입니다. 전기의 발명과 함께 일어나면서 대량 생산이라는 말이 생겨난 시기입니다. 화학, 전기, 석유, 철강 분야가 급속히 발달했습니다. 영화와 라디오, 축음기도 이 시대에 생겨났습니다. 대량으로 옷이나 신발을 만들기 시작한 것도 이즈음입니다.

2차 산업혁명 시대에는 모든 것이 빠르게 발달했지만, 여러 가지 전쟁과 정치적인 영향으로 대 불황도 생겼습니다. 생산량이 늘어나자

상품의 가격이 하락했고, 소규모로 제품을 생산하던 곳은 도산해서 실업자가 나오기도 했습니다. 이때 일반 노동자의 상당수가 공장으로 모이게 됩니다. 손재주가 좋고 새로운 기계에 빨리 적응한 사람들은 좀 더 좋은 일자리를 찾을 수 있었지만 그렇지 못한 사람들은 직업을 잃거나 낮은 임금을 받아야만 했습니다.

일반인들에게 학교 공부가 매우 중요해진 것도 2차 산업혁명 때부터랍니다. 왜일까요? 이때부터 사무실에서 일하는 지적 노동자 이른바, 화이트칼라 노동자들이 급격하게 늘기 때문입니다. 또한, 2차 산업혁명 시기에는 과학자들이 엄청나게 늘어납니다. 19세기 중후반에는 겨우 5만 명 정도였던 과학자들이 1980년대에는 무려 500만 명이 넘게 됩니다. 과학적인 진보가 급속하게 일어나는 시기였습니다.

3차 산업혁명에는 어떤 기술이 태어나고, 이로 인해 어떤 직업이 생겨났을까요?

1984년에는 최초로 지금의 윈도와 비슷한 그래픽 유저 인터페이스(GUI)를 채택한 매킨토시 512K가 출시됩니다. 1989년에는 팀 버너리스가 월드와이드웹(World Wide Web, WWW) 인터넷을 발명합니다.  바로 3차 산업혁명이 시작된 것입니다. 3차 산업혁명은 정보혁명이라고도 불립니다. ICT라는 단어가 처음 사용된 것도 3차 산업혁명 때입니다. 인간의 노동으로만 움직였던 생산 과정이 이제 자동화된 컴퓨터 시스템으로 움직이게 되었지요.

육체 노동을 하는 블루칼라 노동자들이 점차 자동화 기기에 밀려나고 새로운 화이트칼라 직업군이 늘게 됩니다. 타자기 대신 워드프로세스가 자리하고 LP, 카세트테이프, CD는 mp3에 밀려나고 있고, 이제 학교에서도 칠판과 공책 대신에 노트북이나 태블릿 PC를 이용합니다.

지금 우리는 <mark>3차 산업혁명과 4차 산업혁명 사이의 경계</mark>에 있다고 볼 수 있습니다. 우리 주변에 있는 수많은 ICT는 3차 산업혁명에서 탄생한 것들입니다. 이제 4차 산업혁명을 통해 그것들을 바탕으로 새로운 탄생을 만들어 내겠죠. 4차 산업혁명은 ICT와 인터넷 기반 네트워크를 바탕으로 서로 다른 분야와 연결하고 융합하여 새로운 부가 가치를 생산하게 됩니다.

마부와 문선공들은 모두 어떻게 되었을까요?

새로운 산업혁명이 생기면서 무수한 과거 직업이 사라졌습니다. 마부 같은 직업은 이제 영화에서나 볼 수 있죠. 음반을 판매하는 레코드숍도 이제는 찾아보기 힘듭니다. 하지만 완전히 사라졌다고 볼 수도 없습니다. 과거의 마부는 현재 택시 기사라는 직종으로 살아 있습니다. 앞으로 어떻게 변할지 모르고 꼭 사람이 맡지 않는다고 해도 직업의 가치는 그대로 이어질 겁니다. mp3로 음악을 소비하는 형태로 바뀌었다고 해서 음악을 만드는 사람이 없어지지는 않는 것처럼 말이죠. 특히 미술이나 음악 같은 문화 예술 쪽은 앞으로 여가가 중요해지면서 더 중요한 직업군이 되고 있습니다. 상품을 판매하는 영업인들도 판매하는 물건이 바뀌었을 뿐 사라지지 않았습니다.

세상이 변한다고 해서 과거의 모든 것이 사라지는 것은 아닙니다. 어떤 방식으로 변화했건 사람이 사는 데 필요한 것은 예전과 같습니다. 직업의 형태가 변하는 속도가 점점 빨라지긴 해도 여기에 관심을 갖는다면 우리가 대처할 시간은 충분합니다. 다만 과거의 일에 매몰돼 새로움을 받아들이기를 꺼린다면 자연스럽게 도태될 수밖에 없습니다. 여러분은 기술의 발전을 두려워하지 말고 정견으로 마주하세요.

기술의 발전을 중단시킨 최초의 법 '적기 조례'에 대해 알아보아요

이 법은 영국에서 만들어진 법으로, 일명 '붉은 깃발법', 또는 '동력차법'이라고 합니다. 세계 최초의 교통법이지요. 마부들의 실직을 막기 위한 법입니다. 당시 자동차가 마차보다 도로를 더 많이 파손시킨 것은 사실입니다. 마부들은 이 문제를 핑계 삼아 증기 버스가 도로를 망가뜨리고 귀족을 놀라게 한다는 이유로 시위를 했지요. 그 결과 1865년에 적기 조례가 선포됩니다.

조례 내용 중에는 '증기를 내뿜지 말 것'이라는 항목이 있었습니다.

증기 자동차의 운행을 완전히 막으려는 의도지요. 이로 인해 영국 자동차 산업은 독일이나 프랑스에 크게 뒤처집니다. 결국 이 조례는 1896년에 사라지고 영국은 다시 자동차 산업의 부흥기를 맞게 됩니다.

   새로운 기술은 지금은 물론 옛날에도 내 직업을 빼앗아 갈지 모른다는 불안감을 만들어 냈습니다. 하지만 그렇다고 기술의 발전을 아예 막는다면 더 큰 문제가 발생할 수 있습니다. 아마 영국이 적기 조례를 만들지 않았다면 다른 나라보다 자동차에 대한 발전이 빨라져 큰 수익을 얻고 일자리를 만들었을지 모릅니다.

적기 조례 The Locomotives on Highways (1861년)

- 차량의 중량은 12톤으로 제한한다.
- 최고 속도는 10mph(16km/h), 시가지에서는 5mph(8km/h)의 속

도 제한을 정한다.

The Locomotive Act (1865년)

- 교외에서는 4mph(6km/h), 시가지에서는 2mɔh(3km/h)의 속도 제한을 정한다.
- 자동차는, 운전수, 기관원, 붉은 기를 가지고 차량의 60야드(55미터) 전방을 걷는 사람의 3명으로 운용하는 것을 규정한다. 붉은 기와 등을 가진 사람은 걷는 속도를 지키고 기수나 말에게 자동차의 접근을 예고한다.

Highways and Locomotives (1878년)

- 붉은 깃발의 필요성은 없어진다.
- 전방 보행 요원의 거리를 20야드(18미터)로 단축한다.
- 말들을 우연히 만나면 차량은 정지해야 한다.
- 차량이 말을 놀라게 하는 연기나 증기를 내는 것을 금한다.

IT 기술 이야기

자율 주행 자동차
(Autonomous Car)

자율 주행 자동차는 말 그대로 사람이 운전하지 않아도 자동차가 스스로 주행할 수 있는 기술을 말합니다. 이 개념은 1960년대 생겨났으며 ICT가 발달하면서 빠르게 성장하고 있습니다. 수많은 자동차 업체들이 ICT 기술을 적극적으로 도입해 자율 주행 자동차를 만들고 있습니다.

우리나라에서는 이미 1993년 대전 엑스포에서 세계 첫 자율 주행차를 선보인 적이 있습니다. 고려대 산업공학과 한민홍 교수가 아시아자동차(현재 기아자동차)의 '록스타'라는 지프차를 개조해 만든 차였습니다.

이 자동차는 서울 청계고가차도와 남산1호터널, 한남대교를 지나서 여의도에 있는 63빌딩까지 약 17km를 무사히 홀로 달렸습니다. 그때까지 시험 주행 도로를 달린 자율 주행차는 있었지만 실제 도로를 달린 것은 세계 처음입니다.

그렇다면 자동차가 혼자서 안전하게 운전할 수 있는 이유는 무엇일까요? 자율 주행차의 핵심 기술은 바로 SLAM(Simultaneous localization and mapping)입니다. 풀어서 이야기하면 ==동시에 다양한 위치를 추적하고 지도를 만드는 기술==입니다. 인공지능을 이용해 처음 가는 곳의 주변을 지도로 만들고 이와 함께 현재 자신의 위치가 어디인 지를 추정하는 기술입니다. 언뜻 내비게이션이 떠오르죠? 바로 내비게이션에 가장 많이 활용하는 기술이기도 합니다. 내비게이션이 위성에서 보내 주는 신호를 토대로 지도를 만들고 위치를 판단한다면 자율 주행 자동차는 자동차에 붙은 수많은 센서와 이미 만들어진 지도를 결합해서 사용합니다.

이 기술을 사용하는 기기 중 자율 주행차에 좀 더 가까운 가전제품이 바로 로봇 청소기입니다. 로봇 청소기도 장애물을 피하면서 정해진 길을 다닐 수 있습니다. 주변의 장애물을 확인해야 하기 때문에 센서 기술과 정보 처리 기술이 매우 중요합니다.

● 자율 주행 자동차가 바꾸는 미래 직업들

자율 주행 자동차는 발전 단계에 따라 6단계로 나뉩니다. 0단계는 운전자가 모든 자동차의 운동을 제어하는 단계고 1단계는 자동차가 달리고 멈추고 방향을 조절하는 것을 지원하는 개념입니다. 2단계로 넘어가면 대부분의 주행은 자동차가 하지만 주행 환경이나 안전 운전은 사람이 책임지게 됩니다. 3단계는 컴퓨터가 사람이 직접 운전해야 할 경우라고 판단했을 때만 운전자가 운행에 개입합니다. 4단계로 넘어가면 거의 모든 조건에서 자동차가 스스로 운전을 책임집니다. 5단계로 넘어가야 비로소 모든 도로 조건과 환경에서 자율 주행 시스템이 주행을 담당하게 됩니다.

현재 세계적으로 자율 주행차의 개발 단계는 4단계입니다. 우리나라도 현대자동차가 서울에서 평창까지 법정 최고 속도인 100~110km/h를 유지하면서 완전 자율 주행에 성공해 4단계에 진입했습니다.

하지만 자율 주행 자동차에 대한 문제점 또한 많이 있습니다. 만에 하나 사고가 났을 때 책임을 누가 질지에 대한 윤리 문제가 있습니다. 또한 사람이라면 충분히 판단하고 피할 정도의 돌발 상황에 대한 기술적인 문제도 남아 있습니다. 인간적인 판단과 기계적인 판단의 옳고 그

름에 대한 문제도 있습니다.

주행 중인 도로에 갑자기 동물이 튀어나왔을 경우, 억지로 피하면 차가 살짝 망가질 수 있는 상황에서 과연 인공지능은 동물을 우선할까요, 자동차를 우선할까요. 이러한 문제를 법률적으로 조정하고 해결하는 직업도 새롭게 생겨날지 모릅니다.

한편 운전과 관련한 직업은 서서히 사라지게 될 겁니다. 그리고 자동차는 개인 소유보다는 공유 개념으로 변할 가능성이 높습니다. 자신의 집에 자동차를 세워 두지 않고 공용 주차장에 있는 차를 불러 필요할 때만 사용하는 거죠. 그러면서 자연스럽게 공유 자동차를 관리하는 직업이 생길 수 있습니다.

자율 주행 자동차는 탑승자가 운전할 필요가 없기 때문에 자동차 안에서 할 수 있는 일이 많아질 겁니다. 차 안에서 영화를 보거나 업무를 처리할 수도 있겠죠. 여기에 필요한 새로운 서비스와 콘텐츠를 제작하는 직업들도 등장할 겁니다. 또한 더 정확한 센서와 더 빠른 데이터 처리 기술을 지속적으로 개발해야 하겠죠.

이야기 셋

혜수, IT기술을 만들어 낸 사람들을 만나다

기술의 탄생에 필요한
아이디어와 혁신은
어떻게 나오는걸까?

세상을 바꾸는 기술을 만드는 비결은 실패에 익숙해지는 것

쉬이잉.

혜수가 도착한 곳은 아주 지저분한 창고 안이었어. 얼마나 많은 물건들로 어지럽혀져 있는지 혜수는 넋을 잃고 그 공간을 둘러보았어. 창고 안에는 별의별 장비가 다 있었어.

벽에는 커다란 스피커가 두 개 달려 있고 스피커 옆에는 누군지 모를 5명의 사진이 걸려 있었어. 그뿐만이 아니야. 신문을 스크랩해 놓은 종이가 벽에 덕지덕지 붙어 있었어. 그 아래 놓인 책상은 손으로 직접 만든 것처럼 보였지. 그 위에는 커다란 나무 상자가 있었는데 신기하게도 거기에 연결된 키보드 같은 것도 보였어. 주변에는 알 수 없는 장비들이 지저분하게 널려 있었어. 상자나 벽돌 같은 것들도 많았어. 스케이트보드도 걸려 있고 롤러스케이트와 줄넘기도 보였어. 바닥에 아무렇게나 놓인 피자 상자에는 먹다 남은 피자 두 조각이 식고 있었지. 그 사이에 덩치가 큰 남자가 책상 앞에 앉아 있었어. 무언가에 한창 열중하는지 혜수가 온 것도 모르는 것 같았어.

혜수는 아무리 봐도 이곳이 뭘 하는 곳인지 알 수 없었어. 분명 자신은 스티브 잡스를 만나러 왔는데, 이 잡동사니가 가득한 곳은 뭘까? 고민 끝에 혜수는 책상에 앉아 있는 머리가 길고 수염이 덥수룩한 사람에게 다가갔어.

"저기, 안녕하세요? 여기가 어딘가요?"

혜수가 조심스럽게 묻자 무언가를 만들고 있던 남자는 그제야 혜수를 쳐다보았어. 처음 보는 아이가 서 있는데도 그는 전혀 놀라지 않고 태연하게 대답했지.

"어디긴 어디야. 우리 작업실이지. 근데 꼬마야, 여기 또 놀러 온 거니? 우리가 여기서 놀면서 일하기는 하지만 너 같은 꼬맹이가 노는 놀이터는 아니란다."

심드렁하게 대꾸한 남자는 또다시 책상 앞에 놓인 물건에 열중했어.

혜수는 남자의 말을 듣고 더욱 의아해졌어. 혜수는 디바에게 물었어.

"디바야. 우리 스티브 잡스를 만나러 온 거 아니었어?"

혜수의 말을 들었는지 남자가 다시 뒤를 돌아봤어.

"뭐야. 꼬맹이. 나를 만나러 온 거니?"

남자의 말을 듣고 혜수는 자기도 모르게 헉! 소리를 내었어. 이 수염이 덥수룩한 남자가 스티브 잡스라니! 늘 말끔한 모습으로 능숙하게 프레젠테이션을 하던 스티브 잡스만 보았던 혜수는 젊은 시절의 스티브 잡스 모습에 깜짝 놀랐어. 이 사람이 20세기 IT 천재 스티브 잡스라고?

"아, 그게. 제가 컴퓨터 기술에 관심이 많아서요."

"뭐? 정말? 너도 컴퓨터에 대해 관심이 많다고?"

혜수의 말을 듣자 스티브 잡스는 매우 반가운 얼굴로 혜수를 보았어. 자기 의자 옆에 놓인 상자 위 잡동사니를 치우며 말했지.

"자, 여기 앉으렴."

"네? 아, 네. 감사합니다."

혜수는 얼떨결에 스티브 잡스가 치워 준 상자 위에 걸터앉았어.

"근데 이 창고에서 작업하는 거예요?"

"창고? 아, 하도 물건이 많아서 창고처럼 보이는구나. 여기는 차고야. 자동차를 넣어 두는 곳 말이야."

"차고라고요?"

그제야 혜수의 머릿속에 언뜻 떠오른 기억이 있었어. 바로 스티브 잡스가 아버지 폴 잡스의 차고에서 '애플사'의 신화를 만들었다는 책의 구절이 떠오른 거야.

"여기가 그럼 애플 컴퓨터를 만든 곳인가요?"

"뭐? 애플? 갑자기 웬 사과 이야기야."

스티브 잡스가 미간을 살짝 찌푸리며 말했어. 아무래도 아직 애플이라는 이름은 짓지 않은 상태인가 봐.

'이곳이 바로 스티브 잡스의 차고구나. 정말 멋지다!'

혜수는 좀 전까지 지저분하다고 생각한 차고가 엄청나게 멋진 공간처럼 느껴졌어. 그런데 잡스는 지금 무슨 작업을 하고 있는 걸까?

"저기, 근데 저 네모난 상자는 뭔가요?"

혜수가 묻자 잡스는 슬쩍 웃으며 대답했어.

"역시 컴퓨터 기술에 관심이 많다고 하더니 바로 알아보는구나."

"네?"

"이건 앞으로 세상을 깜짝 놀라게 할 물건이야. 이름은 아직 안 정했는데, 바로 개인이 사용할 수 있는 컴퓨터지. 지금 워즈니악이 이 컴퓨터를 팔려고 나갔어."

"아, 그렇다면!"

혜수는 휘둥그레진 눈으로 상자를 보았어. 저 나무 상자가 그 유명한 애플 I인 거야. 사진으로 본 적은 있지만 실물을 보게 되다니. 그리고 이 위대한 컴퓨터가 이런 허름한 차고에서 만들어졌다니 그저 놀랍기만 했어.

혜수는 나무 상자 겉면을 매만지며 잠시 말을 잃었어. 그런데 스티브 잡스는 혜수가 어이없어하는 거라고 생각한 모양이야.

"너도 허무맹랑하다고 생각하니? 개인이 컴퓨터를 사용한다는 것이?”

"네?"

"하긴 그럴 수도 있지. 하지만 말이야. 기술은 원래 사람을 편하고 이롭게 하려는 수단이야. 컴퓨터 기술도 마찬가지야. 나랑 워즈니악은 사람들이 각자 컴퓨터를 가지고 일한다면 얼마나 편리해질지 상상해 봤어. 상상만으로도 정말 즐겁더군. 이 엄청난 연산 장치가 삶을 얼마나 편하게 만들어 줄까?"

혜수는 스티브 잡스의 말을 잠자코 들었어. 스티브 잡스는 컴퓨터뿐만이 아니라 디자인, 인문학 등 다양한 분야에 관심이 많고 잡다한 지식을 쌓았다고 해. 그래서일까? 스티브 잡스는 기술이 불러오는 사회와 삶의 변화를 더욱 생생하게 상상해 보는 것 같았어. 그 상상을 모두 허무맹랑하다고 말했지만, 그는 상상만으로 즐겁다고 말해. 혜수가 보기에 그런 스티브 잡스의 표정은 행복해 보였어.

"물론 상상을 현실로 만들기 위해서는 엄청난 시행착오를 겪어야 하지만 말이야. 하지만 그것조차도 즐겁지. 그래서 우리는 여기를 작업실이자 놀이터라고 생각해."

혜수는 스티브 잡스의 말에 고개를 끄덕였어.

"그런데 왜 여기서 컴퓨터를 만드는 거예요? 여기는 원래 자동차를 보관하는 곳이잖아요."

"당연히 차고에서 작업해야지. 여기는 모든 공구들과 부품들이 다 있는걸?"

그 말을 듣고 혜수는 다시 주변을 둘러보았어. 차나 집을 고치기 위한 다양한 공구들이 벽과 책상 위에 널려 있었어. 미국에는 집마다 따로 차고가 있는데 그곳에 다양한 부품과 공구들이 항상 마련되어 있었지. 바닥에는 애플 I를 만들다가 도중에 실패한 것들도 많이 놓여 있었어.

바로 상상한 아이디어를 실제 물건으로 만드는 시도를 곧바로 해 볼 수 있는 장소였어. 상상에만 그치지 않고 직접 만들어 보고, 실패하면 다양한 방면으로 바로바로 보완해 볼 수 있었지.

그때 또 한 사람이 차고로 들어왔어.

"스티브, 나 돌아왔어."

혜수가 돌아보자 푸근한 인상의 한 남자가 뚜벅뚜벅 걸어 들어왔어.

"디바야. 누구야?"

혜수가 작은 목소리로 묻자 다바가 혜수만 들릴 수 있는 목소리로 알려 주었어.

"저 사람의 이름은 스티브 워즈니악. 바로 스티브 잡스와 애플을 창업한 사람이지. 애플 초기의 제품들은 거의 워즈니악의 작품이라고 봐도 돼. 애플을 창업하고서 스티브 잡스는 마케팅과 조립에만 신경을 썼고, 개발은 워즈니악이 도맡았어. 워즈니악은 소문난 장난꾸러기였다고 해."

"소문난 장난꾸러기?"

"응. 장거리 통화 네트워킹을 해킹해서 무료로 장거리 전화를 할 수 있는 장치를 만들었어. 그걸로 로마 교황한테 장난 전화까지 걸었지."

"세상에!"

혜수가 다바의 설명을 듣는 동안 스티브 잡스가 스티브 워즈니악을 반겼어.

"오, 어서 와."

"얘는 누구야?"

"우리 놀이터에 놀러 온 꼬마지. 컴퓨터에 관심이 많대."

혜수는 워즈니악에게 냉큼 인사를 건넸어.

"안녕하세요?"

"그래."

그런데 웬일인지 워즈니악은 힘이 없어 보였어.

그런 워즈니악의 기색을 보고 스티브 잡스가 물었어.

"무슨 일이 있어?"

"하아."

워즈니악은 길게 한숨부터 내쉬었어.

"아무래도 HP에서는 우리 컴퓨터에 관심이 없는 것 같아. 컴퓨터 광이 취미로 만든 장난감에는 투자할 수 없다고 하더군."

"뭐라고? 그런 어처구니없는 말을 하다니! 그 사람들은 미래에 대한 상상력이 부족하군."

"컴퓨터를 개인이 사용할 수 있다는 생각을 하지 못하니까."

"하지만 이것 봐. 개인용 컴퓨터가 제품이 되면 사람들은 훨씬 근사한 삶을 살고, 일의 모습은 엄청나게 달라질 거야! 우리 기술로 충분히 구현할 수 있다고!"

잡스가 버럭 화를 내자 워즈니악은 허탈한 표정으로 근처 상자를 하나 끌어다 앉았어.

"이대로 포기할 수는 없어."

"그래. 맞아. 그동안 실패는 수도 없이 겪었잖아. 나는 이 컴퓨터가 세상을 바꿀 거라고 믿어. 사람들이 믿지 않아도 상관없다고."

"응. 사람들의 삶을 조금만 더 관심 있게 본다면 우리의 생각이 맞는다는 걸 깨닫게 될 거야."

잡스와 워즈니악은 서로 흔들림 없는 표정으로 바라보았어.

말없이 두 사람을 지켜보는 혜수에게 디바가 이야기를 해 주었어.

"HP는 당시 전자제품으로 유명한 회사야. 두 사람의 컴퓨터를 상품으로 만들 수 없다고 거절했지. 아마 지금 워즈니악이 그 거절을 당하고 오는 길일 거야."

"아, 그렇구나."

"당시 HP에서 일하고 있던 워즈니악은 그곳을 나와 친구와 자신이 믿는 길을 개척해 나가기로 해. 그 후 잡스와 워즈니악은 1976년 4월 1일 마운틴뷰에 있는 아파트에서 사업을 위한 첫 문서를 작성해. 애플 컴퓨터의 전설이 시작된 거지. 만일 HP의 거절로 낙담해 사업을 포기했다면 애플 컴퓨터도 아이폰도 나올 수 없었을 거야."

혜수는 디바의 말을 듣고 두 사람을 보았어. 두 사람은 다시 책상에 앉아 회로를 만지기 시작했어. 실패를 슬퍼할 겨를도 없는 것 같았지.

'두 사람은 자신의 일을 직접 만들어 가고 있어. 꼭 어떤 회사에 들어가서 일하는 것이 아니어도 상관없지 않을까?'

혜수가 이런 생각이 잠겨 있을 때 디바가 설명을 더했어.

"결국 잡스는 홈브루 컴퓨터 클럽이라는 곳에 회로 기판을 들고 가서 상품을 설명했어. 폴 테럴이라는 사람이 관심을 가졌고 곧 컴퓨터

50개를 주문했어. 잡스는 부품을 사기 위한 자금을 구해서 차고 안에서 애플 I 회로 기판 50개를 만들기 시작했지."

혜수는 문득 궁금해졌어. 과연 잡스는 미래가 어떻게 될 거라고 생각했을까?

"스티브 잡스, 미래는 어떤 세상이 될까요?"

혜수의 말에 스티브 잡스는 회로판에서 눈을 떼고 혜수를 바라봤어.

"흠, 글쎄. 미래는 사람들이 각자 컴퓨터로 많은 일을 해내는 세상이 될 거야. 컴퓨터는 복잡한 계산만 할 수 있는 기계가 아니야. 다양한 생각을 실현할 수 있게 도와주거든. 사람들이 그동안 못했던 많은 일들을 가능하게 해 줄 거야."

혜수는 스티브 잡스의 단호한 말에 자기도 모르게 고개를 끄덕였어. 잡스가 미래를 보는 통찰력은 정말이지 대단했거든. 그가 컴퓨터 기술에만 매몰되지 않고 잡다한 분야의 지식을 배우며 사람의 삶을 관찰한 결과였어. 그리고 실패에도 아랑곳하지 않고 앞으로 나아간 결과였지.

그 후 잡스는 그래픽으로 표현해 컴퓨터를 더 쉽게 사용하도록 만들고, 스마트폰을 상용화하면서 사람들이 걸어 다니면서 컴퓨터를 할 수 있게 만들었으니 말이야.

"이제 다른 여행지로 갈 시간이야."

디바의 말에 혜수는 아쉬운 눈빛으로 스티브 잡스와 워즈니악을 보았어. 두 사람은 회로 작업을 하느라 여념이 없었지. 짧은 만남이었지만 혜수는 조금 알 것도 같았어. 스티브 잡스와 스티브 워즈니악. 두 사람이 어떻게 세상을 바꾸는 기술을 만들어 냈는지 말이야.

왜 기술을 만드는 데 토론이 필요한 거야?

혜수가 이번에 도착한 곳은 어느 학교의 교정이었어. 푸른 잔디밭 너머 갈색 지붕의 멋진 고건물이 서 있었지. 멋들어진 야자나무가 더욱 근사한 풍경을 만들어 주었어.

"여긴 어디지?"

"응. 여기는 스탠퍼드대학교야."

혜수의 질문이 끝나자마자 디바가 친절하게 알려 줬어.

"스탠퍼드대학교? 여긴 왜?"

혜수가 디바에게 또다시 묻자 마침 누군가 혜수 곁을 지나며 크게 소리쳤어.

"어이~ 래리 세르게이. 너희 또 싸우냐?"

크게 외친 사람이 잔디밭을 보고 있었어. 혜수도 덩달아 잔디밭을 바라보자 생김새가 비슷한 두 사람이 앉아 있었어. 그들은 이내 이쪽을 바라보며 손을 흔들었어. 마치 아무 일도 아니라는 듯이.

"하, 쟤들은 만나기만 하면 다툰다니까. 신기한 애들이야."

소리친 사람은 이렇게 중얼거리면서 혜수 옆을 지나갔어.

'래리 세르게이? 왜 두 사람인데 한 사람만 부르면서 너희라고 하지?'

혜수는 궁금한 마음에 두 사람 쪽으로 다가갔어. 두 사람은 자신들을 힐끔힐끔 보는 주변에도 아랑곳하지 않고 논쟁을 펼치고 있었어.

"인터넷에 정보를 제공하는 사람은 반드시 실명을 밝혀야 한다고 생각해. 이름을 공개하지 않으면 나중에 문제가 생길 때 책임 소재를 따지기가 어려워."

그러자 반대쪽에 앉아 있던 사람이 발끈하며 대답했어.

"그렇게 되면 인터넷에 정보를 올리려는 사람이 많이 줄어들 거야. 그건 인터넷의 가장 큰 장점을 망치게 되는 일이지. 그 점에 대해서는 분명 생각해 봐야 해."

"하지만 너무 익명성을 허용하면 거짓 정보들이 넘쳐 날 수 있지 않을까? 우리가 이런 점을 문제점으로 받아들여야 한다고 생각해. 그래야 더 적극적으로 해결할 것 같거든."

"흠. 가짜 정보들이나 악성 정보들을 미리 파악하고 걸러 낼 수 있는 시스템을 만들면 어떨까? 그런 거짓 정보들은 분명 어떤 공통점을 지니고 있을 거야."

"아, 좋은 생각이군. 그럼 그 공통점부터 파악하는 알고리즘을 설계해 보는 건 어때?"

두 사람의 이야기는 꼬리에 꼬리를 물고 이어졌어. 혜수가 보기에는 그들은 계속 이야기를 나누면서 답을 찾아가는 것 같았어.

혜수의 어깨에 메여 있는 디바가 두 사람에 관해 설명해 줬어.

"저 두 사람은 래리 페이지와 세르게이 브린이야. 바로 구글을 만든 사람들이지."

아, 그래서 아까 그 사람이 '래리 세르게이'라고 불렀구나. 한 사람인 줄 알았는데 두 명을 마치 콤비처럼 같이 불렀던 거였어. 한 사람은 굉장히 밝게 웃으면서 의견을 내세웠고 다른 사람은 차분한 표정으로 신중하게 의견을 냈어. 디바의 설명을 들으니 유쾌하게 의견을 내는 사람이 세르게이 브린이고 신중한 사람이 래리 페이지인 것 같

앉아.

이 둘은 갑자기 혜수 쪽을 바라보면서 손짓을 했어.

"이봐, 너. 거기 멍하니 서서 왜 우리를 보고 있는 거야?"

"그래. 무슨 용건이 있니?"

혜수는 갑작스러운 그들의 말에 당황해하며 "네?"하고는 우물쭈물 댔어.

그러자 세르게이가 먼저 손짓하며 말했어.

"혹시 시간이 있다면 너도 우리랑 함께 토론하는 건 어때?"

"네에??"

혜수는 정말 당황해 자기도 모르게 큰 소리로 반문했어. 세르게이는 씨익 웃으며 혜수를 보았어. 반면 래리는 조금 머뭇거렸지. 혜수를 토론에 참여시키고 싶은 생각이 별로 없어 보였는데도 쉽게 말을 못 꺼내는 것 같았어.

그 모습을 보고 혜수는 '래리 페이지는 생각보다 많이 내성적인 사람이구나'라고 생각했어. 그에 비교해 세르게이는 거침이 없었지. 두 사람과 대화해 볼 수 있는 절호의 기회였지만 혜수는 세르게이의 제안을 정중하게 사양했어. 그러자 두 사람은 아무렇지 않은 표정으로 또다시 토론을 이어 나갔지. 혜수는 아쉬운 마음에 혼잣말을 했어.

"그래도 여기까지 와서 토론을 하는 건 좀 아니잖아?"

그러자 디바가 눈을 반짝이며 대꾸했어.

"혜수. 토론을 싫어해?"

"어휴. 토론을 좋아하는 사람이 어디 있어?"

"바로 앞에 둘이나 있잖아."

디바의 말에 혜수는 할 말이 없어졌어. 래리와 세르게이는 둘 다 토론을 즐기는 것 같았거든.

"하지만 토론을 하면 늘 싸움만 나는걸."

우물쭈물하는 혜수에게 디바가 또다시 말했어.

"토론은 이 사람들이 기술을 발전시키는 데 가장 중요한 동력이야."

"잉? 무슨 말이야. 기술을 발전시키는 건, 첨단 과학이나 컴퓨터 지식 같은 게 아니야?"

"컴퓨터 기술 역시 사람의 생각을 바탕으로 발전하게 돼. 생각을 발전시키는 가장 유용한 활동이 무엇일까?"

혜수는 디바의 질문에 대한 답을 쉽게 알 수 있었어. 열띠게 토론하는 래리와 세르게이의 모습을 보면서 말이야. 세르게이가 먼저 말을 꺼냈어.

"인터넷을 하면서 가장 중요한 건 뭘까?"

"인터넷이라는 건 사람들이 정보를 찾는 통로니까 정확한 정보가 중요하지 않을까?"

"정확한 정보 이전에 뭔가 필요한 것이 더 있는 것은 아닐까? 정보가 정확하다는 건 어떻게 알 수 있지? 그런 것보다 중요한 것이 먼저 있을 것 같은데?"

"정보가 정확하다는 것보다 중요한 것이 있다고? 글쎄 나는 그렇게 생각하지 않는데? 정보가 정확하지 않다면 인터넷보다 도서관이 더 인기가 있을 거야."

"그렇지만, 인터넷은 도서관보다 정보를 찾는 것이 더 쉽잖아. 그래서 나는 사람들이 인터넷에서 더 쉽게 정보를 찾을 수 있도록 하는 것이 중요하다고 봐. 정확성은 그 다음이라고."

이야기가 이어질수록 두 사람은 점점 상기된 얼굴이 되어 갔어. 그러면서도 서로 다른 의견에 대해서는 점차 합리적인 방안을 찾아 나가고 있었지.

"그렇다면 정보를 빠르게 찾는 방법은 뭐가 있을까? 지금의 검색은 너무 느리고 원하는 정보를 찾기에는 복잡하잖아."

"하긴 그렇게 찾은 정보라 해도 그것이 가짜 정보라면 얼마나 허탈할까? 결국 빠르게 검색하고 정확한 정보를 걸러 내는 방법을 찾는 것이 중요해. 다른 그 어떤 요건보다도."

"사람들이 자신이 올린 정보를 익명으로 하지 않는다면 가짜 정보는 줄지 않을까?"

"그렇게 되면 인터넷의 가장 큰 장점인 익명성이 사라지는 거래도."

두 사람의 토론은 끝날 줄 몰랐어. 혜수는 덩달아 두 사람이 토론하는 문제에 대해 생각하게 되었어. IT 기술이 아무리 뛰어나다 해도 과연 저 문제들을 해결할 수 있을까?

디바가 혜수에게 두 사람에 대한 설명을 시작했어.

"래리 페이지와 세르게이 브린은 1995년 스탠퍼드대학교 학생 오리엔테이션에서 처음 만났어. 래리는 성격이 신중하고 내성적이었고 브린은 활달하고 운동도 좋아하는 편이었어."

"그래. 두 사람은 확실히 정 반대인 성격 같아."

"응. 그래서 주변 사람들은 둘이 친해지기 힘들다고 생각했는데 두 사람은 의외로 금방 가까워져. 서로 '지적인 경쟁자'라고 인정했기 때문이야. 저렇게 토론과 논쟁을 펼치면서 가까워졌어. 두 사람은 구글을 창업한 가장 큰 힘이 바로 토론과 논쟁이었다고 해."

혜수는 디바의 설명을 듣고 저렇게 토론하는 것이 그렇게 큰 힘을 발휘했다는 것에 어안이 벙벙해졌어.

그동안 혜수는 집에서 아빠가 종종 뉴스에 대해 토론하자고 권해도 늘 싫다고 했었어. 학교에서도 토론하기 싫은데 집에서까지 굳이 말씨름을 하기 싫었거든. 친구들이랑 이야기할 때도 서로 주장이 다르면 그냥 다른 화제로 넘어가 버렸어. 서로 다른 주장을 펼쳐 봤자 싸움만 날 거라고 생각했거든. 하지만 그게 굉장히 잘못된 생각이었다는 것을 지금 살짝 깨닫는 중이야.

'그런데 이게 미래 직업하고 무슨 상관이지?'

혜수는 이번 여행으로 잡스와 워즈니악, 세르게이와 페이지를 직접 만날 수 있어서 좋았어. 하지만 아무래도 숙제에는 도움이 되지 않을 것 같았어.

고민에 빠진 혜수에게 세르게이 브린이 와서 말을 걸었어.

"너 말이야. 우리 이야기에 관심 있는 것 같은데 맞지? 사실 우리는 지금 인터넷 검색 엔진을 개발하고 있거든. 그 기술을 개발하는 데, 인터넷의 익명성이 어떤 영향을 끼치는지 연구하고 있어. 검색 엔진이 잘못된 정보를 걸러 낼 수 있으면 좋겠다고 생각하거든. 너도 여기에 대해 좋은 생각이 나면 의견을 들려주길 바라. 우리는 게이츠 빌딩 306호에서 개발하고 있어."

"네? 제 의견도요?"

"그럼. 생각은 다양할수록 좋으니까."

'생각은 다양할수록 좋다고?'

혜수는 세르게이의 말을 속으로 되뇌다 냉큼 대답했어.

"아. 네!"

혜수가 대답하자 세르게이는 미소를 지으며 래리와 함께 잔디밭을 벗어났어. 두 사람의 뒷모습을 보며 혜수는 문득 그런 생각이 들었어.

"디바."

"응?"

"저 두 사람은 지금 자기들이 21세기에 가장 큰 영향력을 끼친 글로벌 회사를 만들 거라고 생각하지 않았겠지?"

"아마도?"

"미래 직업에 무엇이 중요한지 조금은 알 것 같아."

혜수의 입가에는 빙그레 미소가 떠올랐어.

지식을 아는 것만이 전부는 아니에요! 전문가들도 틀릴 수 있어요!

혹시 알고 있나요? 마이크로소프트라는 거대 기업을 만든 '빌 게이츠'는 1981년에 "640KB면 모든 사람에게 충분한 메모리 용량이다."라고 말했습니다. 하지만 지금 우리가 쓰는 메모리 용량은 어떤가요? 여러분이 사용하는 스마트폰의 메모리 용량은 그보다 수천 배는 더 되지요.

1949년 미국의 〈타임지〉는 "미래의 컴퓨터는 1.5t은 나갈 것이다."라고 했습니다. 1946년에 20세기 폭스사 회장 '대릴 자눅'은 "TV는 6개월이 지나면 시장에 남아 있지 않을 것이다."라고 예언했습니다. 지금 말한 매체나 인물들은 당시 세계에서 가장 영향력이 있는 각 기술 분야 전문가였습니다. 그런데 그들의 예언들이 다 맞았나요? 네, 그것이 당시 그들의 편견이었음을 이제는 모두 알지요.

이러한 편견을 뛰어넘은 가장 대표적인 인물이 바로 스티브 잡스입니다. 스티브 잡스는 생전에 "소비자들을 대상으로 시장 조사는 하지 않는다."라고 했습니다. 그러고는 "소비자들은 애플 제품을 보고 난 뒤에야 그들이 무엇을 원하는지 알게 된다."라고 말했습니다.

잡스가 이런 말을 하기 전까지 기업들이 새로운 제품을 만들 때 소비자의 사전 반응을 알아보는 것은 기본이었습니다. 잡스는 시장 소비자의 의견을 믿지 않고 자신의 생각을 관철해 아이폰 같은 혁신 제

품을 만들 수 있었던 겁니다. 기존의 편견을 깬 좋은 사례라고 생각합니다.

그뿐만이 아니라 잡스는 항상 "기술이 궁극적으로 인간의 생각과 가치, 인격적인 표현을 위한 도구가 돼야 한다."라고 말했습니다. 그는 기술에 인문학적 가치를 부여하기 위해 노력했습니다. 그리고 이러한 노력은 4차 산업혁명 시대에 와서 가장 기본이 됐습니다.

> **편견을 깨고 뛰어넘는 창의성의 시대,**
> **IT 미래의 직업 소양에 인문학이 필요하다고요?**

4차 산업혁명이 진행될수록 기존 직업들은 사라지고 새로운 직업들이 생겨날 겁니다. 여러분이 지금 꿈꾸는 직업이 어느 순간 사라져 버릴 수도 있습니다. 그래서 어떤 기술을 배워야 할지 갈피를 잡을 수 없다면 스티브 잡스의 말을 기억해 보세요. ==4차 산업혁명의 모든 기술도 인간의 생각과 가치, 인격적인 표현을 위한 도구가 될 것입니다.== 그러니까 우리는 인간의 생각과 가치, 인격적인 표현이 무엇인지 알아야 합니다. 그것이 인문학을 공부해야 하는 이유랍니다.

또한 직업을 선택하는 기준도 미래는 지금과 조금 달라질 것입니다. 어떤 직업을 갖기 위해 공부하고 노력하는 것보다 지금 내가 무엇을 좋아하고 무엇을 잘하는지에 대해 더 고민했으면 좋겠습니다.

　과거에는 'TV가 라디오를 죽인다'는 말이 있었답니다. 사람들이 모두 TV를 보느라 라디오를 외면할 거라고요. 오죽하면 노래 중에 'Video Killed The Radio Star'라는 곡이 다 나왔을까요. 하지만 지금은 TV가 외면 받고 있습니다. 이제 사람들은 TV보다 유튜브를 시청합니다. 노래도 유튜브로 듣지요. 미국의 비디오 스트리밍 기업인 넷플릭스가 전 세계의 방송국과 영화사의 경쟁 상대가 되었습니다. 인터넷 방송 서비스도 기존의 한계와 편견을 깨 버린 겁니다. 음악은 좋은 음향 기기로 들어야 하고 영상은 큰 화면으로 봐야 한다는 편견 말이죠.

　기술의 발달과 더불어 사람들은 더 많은 정보를 빠르고 쉽게 접하길 원합니다. 개인의 취향을 맞춘 다양한 서비스도 원하게 되었지요. 그러면서 인터넷 방송 크리에이터라는 직업도 생겨나게 되었습니다. 방송을 하려면 좋은 시설과 돈을 들여야 한다는 편견을 깬 직업이 나온 것이지요.

미래 IT 직업의 가치는 무엇일까요?
노동, 생산성 향상, 돈벌이에서 재미와 창의성으로

어린이 친구들이 가장 희망하는 직업 1위이기도 한 크리에이터. 그렇다면 지금 인기 있는 크리에이터들은 어떻게 그 자리에 올 수 있었을까요? 이들은 자신이 좋아하는 것을 방송에 접목했습니다. 인터넷 방송이 활성화된 이후에 그것을 시작한 것이 아닙니다. 우리가 인터넷 방송을 모르는 시절에도 이들은 좋아하는 것을 사람들과 함께하려 했고, 거기에 대한 능력을 키워 왔습니다. 그것이 새로운 매체인 유튜브나 아프리카TV 등이 생기면서 비로소 꽃피우게 된 것이죠.

인터넷 세상이 되면서 이러한 직업들은 국내에 한정하지 않습니다.

유튜브 덕분에 방탄소년단처럼 자신이 가 보지도 않은 세계 곳곳에 팬들이 생기고 그들과 소통할 수 있게 됩니다. 이제 지역과 나라의 경계를 벗어나 직업을 찾게 되는 것이지요.

인기 크리에이터들이 부럽다고 조급하게 뭔가를 배워야겠다고 생각할 필요는 없답니다. 먼저 자기가 좋아하는 것, 잘하는 능력에 집중하면 새로운 세상과 기술에 접목할 수 있는 부분이 보일 거예요.

다시 한 번 강조하지만 기술은 사람을 위해 존재합니다. 직업 역시 사람이 필요로 느끼는 부분에서 생겨납니다. 그래서 미래는 내가 좋아하는 것이 직업으로 완성되는 시대가 될 것이랍니다.

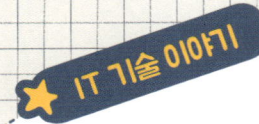

빅 데이터
(Big Data)

4차 산업혁명 시대를 이끄는 대표적인 기술 중 하나가 바로 '데이터'입니다. 사물인터넷, 인공지능 같은 핵심 기술들도 그동안 사람들이 쌓아 온 데이터 위에서 성장하고 있습니다. 이제 사람들은 어디서나 스마트폰을 써서 데이터를 주고받습니다. 그만큼 데이터의 양은 늘어났고 고스란히 쌓이게 됩니다. '빅 데이터'는 이러한 디지털 환경에서 생성되는 수치, 문자, 영상 등을 포함한 대규모 데이터를 뜻합니다.

IBM이 발표한 자료에 따르면 스마트폰·소셜미디어·이메일 등 스마트 기기와 인터넷 서비스의 범람으로 하루에 생산하는 데이터의 양이 무려 250경 바이트(B)에 달한다고 합니다. 600MB 크기 영화 39억 편 분량입니다.

　데이터에는 무엇이 있을까요? 우리가 보내는 텍스트, 사진, 동영상이 있습니다. 또한 사물인터넷으로 생긴 각종 센서 측정 데이터와 사물 간의 통신 내역도 있지요. 지금 이 순간에도 이 데이터는 계속 늘고 있습니다. 앞으로 얼마나 더 데이터가 생산될지는 아무도 모릅니다. 빅 데이터는 그 특징을 VVV라는 약어로 대변할 수 있습니다. 즉 볼륨(Volume), 다양성(Variety), 속도(Velocity)입니다. 볼륨은 빅 데이터의 넘치는 양을 말하고, 다양성은 데이터의 종류가 매우 다양하다는 뜻입니다. 그리고 속도는 이들이 빠른 응답을 요구한다는 뜻이고요. 4차 산업혁명 시대에 기업들은 이 빅 데이터를 잘 가공해 새로운 가치를 창출해야 하겠지요.

● **빅 데이터는 우리 생활에서 어떻게 활용될까?**

　우리가 인터넷을 하다가 어젯밤 맛있게 먹은 치킨 프랜차이즈의 배너

IT 기술 이야기

가 뜨거나, 그동안 관심이 있던 비디오 게임이 내가 자주 다니는 사이트에 자동 광고로 나타나는 경험을 해 보았지요? 이것은 인터넷 기업들이 내가 사용하는 수많은 인터넷 정보를 조합해 내가 있는 곳, 원하는 것 등을 모두 예측해 낸 것입니다. 이러한 서비스는 모두 <mark>빅 데이터를 분석하는 기술</mark> 덕에 가능합니다.

현재 빅 데이터 영역에서 가장 앞선 기업은 구글입니다. 구글이 가진 빅 데이터의 양과 활용 영역은 상상을 초월합니다. 구글의 빅 데이터를 이용하면 선거의 결과도 예측할 수 있습니다. 후보 중 더 많이 검색에 노출된 후보의 당선 확률이 높거든요. 각 언론사나 여론 조사 기관의 조사 결과보다 이것이 정확하다는 게 전문가들의 평가입니다.

지난 미국 대선에서 그 사실이 여실하게 드러났습니다. 언론과 여론 조사 기관 대부분은 힐러리 클린턴 후보의 우세를 점쳤습니다. 하지만 구글 트렌드에 따르면 미국 대선 전 3개월 동안 '도널드 트럼프'를 검색한 평균 횟수가 '힐러리 클린턴'보다 많았습니다. 물론 이러한 내용은 데이터가 많을수록 정확도가 높아집니다.

어찌 됐건 빅 데이터를 사용하려는 기업은 점점 늘고 있습니다. <mark>데이터 안에는 사용자들이 원하는 것, 이용하는 방법, 위치 같은 모든 정보가</mark>

==담겨 있기 때문입니다.== 빅 데이터를 분석해 고객과 시장의 흐름을 예측하는 기업과 그렇지 못한 기업의 격차는 점차 벌어질 겁니다. 그렇기 때문에 앞으로는 ==데이터를 분석하고 활용하는 직업이 많이 생겨날 겁니다.== 4차 산업혁명이라는 단어를 유행시킨 클라우스 슈밥- 다보스 포럼 회장을 포함한 많은 전문가들이 4차 산업혁명 시대의 성공 요인으로 ==‘정보 격차를 해소하는 것’==을 꼽는 것도 이와 같은 이유에서입니다.

이야기넷

장군이, 디바와 함께 미래 과학 기술 탐험을 하다

지금의 IT 기술은
어떻게 우리의 미래 삶을 움직일까?
생생하게 알아보는 최신 IT 기술과
우리의 생활, 그리고 일

기술 옆에 기술 옆에 기술이 있다고?

    디바를 어깨에 둘러메고 밖으로 나온 장군이는 하늘을 올려다봤어. 전에는 별 생각 없이 보던 풍경들이 조금 새롭게 보였어. 거리 시설물에는 인공지능이 탑재되어 주변 환경을 관리해. 쓰레기통에도 수거물 분리 인공지능이 들어 있고, 자율 주행 자동차들도 교통 시스템에 따라 운행되고 있지. 그뿐만이 아니야. 장군이는 얼마 전 뉴스를 떠올렸어.

    -택배 업계에 기념비적인 소식입니다. 전 세계에서 운영 중인 드

론이 10억 개가 넘는다고 합니다.

하늘을 날아다니는 드론이 10억 개나 되다니. 그때 장군이는 실감 나지 않는 숫자에 어안이 벙벙해졌어. 마침 장군이가 올려다본 하늘에는 드론 택배가 열심히 물건을 배송하고 있었지. 장군이는 문득 궁금해졌어.

'저 많은 드론은 누가 관리하는 걸까?'

드론을 관리하는 것은 인공지능일까? 만일 드론이 고장 나면 누가 고칠까? 드론을 고치는 장비는 누가 만드는 걸까? 그렇게 생각이 이어지니 드론 하나만으로도 일거리가 엄청나지 많이 생기는 것 같았어.

2025년 지금, 어떤 기술이 이 풍경을 만들어 내고 있는 것일까?

"근데 빅 데이터 연구개발원은 어떻게 가야 하지? 이 근처라고 하셨는데."

장군이가 가방으로 있는 디바를 고쳐 메고 중얼거렸어. 빅 데이터 연구개발원은 박사가 추천해 준 곳이야. 그곳에 가면 현재 생겨나는 직업과 사라지는 직업에 대한 정보를 얻을 수 있을 거라고 했지.

장군이의 중얼거림을 들었는지 디바의 눈이 반짝였어.

"빅 데이터 연구개발원을 가는 길을 홀로그램으로 보여 줄게."

"엇? 설마, 디바?"

"응. 내가 보여 준 홀로그램대로 가면 빅 데이터 연구개발원에 도착할 거야."

디바가 말을 마치자마자 장군이의 눈앞에는 실물 모형과도 같은 지도가 나타났어. 그리고 장군이가 가야 하는 방향이 붉은 선으로 표시된 길이 떠올랐지.

장군이는 그 길을 보고 걸었어. 한 십 분 정도 걷자 마치 컴퓨터 서버처럼 생긴 건물이 나타났어. 건물 입구에는 "한국빅데이터연구개발원"이라고 적혀 있었지.

장군이가 건물 입구에 들어서자 여러 갈래의 빛이 장군이의 몸을 위아래로 훑었어. 그러고는 홀로그램으로 '방문자 한장군 11세'라고 표시되었지.

출입 통과 표시가 뜨고 이윽고 안내 멘트가 흘러나왔어.

- 시스템 관리실의 김상환 연구원이 곧 나오십니다. 로비에서 대기하시기를 바랍니다.

"우아. 이게 뭐지?"

두 눈이 휘둥그레진 장군이에게 디바가 설명을 해 주었어.

"방문자를 스캔해서 정보를 확인한 다음에 미팅이 있는지를 확인하고, 미팅 예정자에게 알려 주는 시스템이야. 네 정보를 파악하자마자 미팅 예정자에게 호출을 했고, 그 사람이 곧 내려오는 정보까지 받아서 우리에게 알려 준 거야."

"아, 그렇게 여러 가지 일을 이렇게 빨리 한 거야?"

"인공지능과 로봇이 처리하는 일을 생각하면 이 정도는 여러 가지도 아니야."

"근데 김상환 연구원이 누구지?"

장군이가 의아한 표정을 짓고 있을 때 마침 맞은편 엘리베이터 문이 열리고 한 남성이 나왔어.

"어? 네가 장군이니?"

"네? 네."

"박현식 박사한테서 연락을 받았다. 나는 이 연구원에서 일하는 김상환이라고 한단다. 박 박사가 그러는데 너에게 이곳을 소개해 주라고 하더구나."

"아, 네. 안녕하세요?"

"그래. 오느라 힘들지는 않았니?"

"전혀요. 친구의 도움을 받았거든요."

친구라는 말에 어깨 뒤의 디바 눈이 반짝거렸어. 아저씨는 흐뭇하게 웃으며 장군이를 안쪽으로 안내했어. 장군이와 아저씨가 함께 걷자 주변 사람들이 한 번씩 눈길을 주며 지나갔어.

"이곳이 초등학생들이 자주 오는 곳은 아니라 다들 네가 궁금한가 보구나."

"사실 저도 박사님이 이곳을 추천해 주셔서 조금 놀랐어요. 과제 때문에 미래 기술과 직업에 대해 고민하고 있었거든요."

"아, 그렇구나."

"네. 그런데 빅 데이터 연구개발원이 직업과 무슨 상관이 있는지 잘 모르겠어서요."

장군이가 솔직한 마음을 털어놓자 아저씨는 턱을 매만지며 생각에 잠겼어.

"흠. 아마 박사는 IT 기술이 어떻게 세상의 일을 해 내는지를 보여 주고 싶었나 봐."

"네?"

"우리는 잘 느끼지 못하지만 IT 기술은 생활 곳곳에서 쓰이고 있지. 그런 것이 모두 현재와 미래 직업이 될 수 있거든. 자, 장군이 너는 이곳이 무슨 일을 하는 곳인지 알고 있니?"

"이름이 빅 데이터 연구개발원이니까, 여러 가지 데이터를 분석하는 곳이 아닌가요?"

장군이의 대답에 아저씨는 감탄을 터트렸어.

"오, 제대로 알고 있구나. IT 기술에서 데이터와 통신은 아주 핵심적인 역할을 맡고 있어. 이 두 가지 기술을 가지고 세상의 일이 어떻게 움직이는지 알아보는 데 이곳은 아주 제격이지."

아저씨와 함께 장군이는 엘리베이터를 타고 곧 엄청나게 큰 방에 다다랐어.

그곳에는 빌딩처럼 우뚝 솟은 물체 주변에 수많은 컴퓨터 서버들이 꽉 들어차 있었지.

"우아. 여긴 어딘가요? 저게 다 컴퓨터예요?"

장군이는 방 안을 두리번거리며 물었어.

"맞아. 저게 바로 우리나라에서 가장 큰 슈퍼컴퓨터야. 저 컴퓨터로 인터넷상에 떠도는 수많은 정보를 다 수집하고 분석하지. 정보에는 많은 것들이 있어. 이미지, 문자, 영상 등. 여기서 수많은 정보를 잘 활용하면 범죄나 사고도 막을 수 있단다."

"정말요? 어떻게요?"

장군이가 초롱초롱한 눈빛으로 아저씨를 보았어.

"예를 들어, CCTV 영상을 실시간으로 분석하다가 이상한 낌새를 포착하면 사이렌이나 긴급 구호 신호가 울릴 수도 있어. 혹은 경찰이 바로 출동할 수도 있지. 또한 SNS나 댓글을 분석하면 사람들이 어떤 것을 원하는지, 어떤 것을 싫어하는지도 알 수 있어. 그에 따라 서비스를 만들 수 있지. 그것만이 아니야. 개인의 유전자 빅 데이터를 분석하면 그 사람에 맞춘 의료 서비스도 가능하단다."

장군이는 아저씨의 설명에 입이 떡 벌어졌어. 데이터를 분석하는 것만으로도 그런 일을 할 수 있다니. 아저씨는 그런 장군이를 보며 물었어.

"장군아. 내가 말한 일들을 하려면 또 어떤 기술이 필요할까?"

"네?"

"자, 보렴. CCTV를 분석하려면 우선 오류 없이 촬영하는 화상 기술도 필요할 거야. 그리고 화상 데이터를 비교 분석하고, 판단하는 인공지능도 필요할 거야. 그렇지?"

아저씨의 말에 장군이는 고개를 끄덕였어. 맞아. CCTV 영상을 분석하려면 우선 알맞은 화상이 필요하니까.

"그러니까 그런 기술을 지닌 일자리가 생겨날 거란다."

"아!"

장군이는 그제야 왜 박사님이 이곳을 가라고 추천해 주셨는지 알 것 같았어. 새로운 기술이 생기면 그로 인해 원래 있던 일이 사라지기도 해. 하지만 새로운 기술이 탄생하면서 그것과 관련된 기술이 또 필요해지기도 하지. 그로 인한 일자리가 새롭게 생긴다는 것을 알려 주고 싶으셨던 거야.

미래 기술이 뒷받침하는 것도 결국 인간의 삶

아저씨의 설명을 듣고 새로운 기술이 새로운 일을 만들어 내는 것을 장군이는 알 수 있었어. 하지만, 이내 장군이는 시무룩해졌어. 결국 IT 기술에 대해 잘 알고, 코딩도 잘할 줄 알고, 공학에 대해 잘 알아야지만 새로운 일자리를 얻게 되는 것이 아닐까?

장군이는 컴퓨터에는 별로 관심이 없고, 재미있는 만화책을 더 좋아해. 공학보다는 역사를 더 좋아하지. IT 기술이 중요하다는 것은 알지만 코딩보다는 친구를 만나는 게 더 재미있는걸.

그럼 이렇게 장군이와 같이 컴퓨터를 잘 모르는 사람들은 앞으로 일을 할 수 없는 걸까?

장군이는 또다시 생각에 잠겼어.

"저, 아저씨. 이곳에서 어떤 일을 하세요?"

"나? 나는 빅 데이터 분석 전문가란다. 여기는 빅 데이터 기술 전문가와 분석 전문가가 가장 많이 일하고 있지. 기술 전문가는 플랫폼을 설계하거나 분석 방법을 연구하는 엔지니어라고 생각하면 돼. 반면 분석 전문가는 어떤 분야에 대해 분석하고 결과를 도출하는 일을 하는 사람이야. 어때? 이해가 되니?"

장군이는 아저씨의 설명에 머리를 긁적였어.

"음, 잘 모르겠어요."

"흠. 설명이 좀 어렵지? 아, 내가 최근에 한 일은 이런 거란다. 한 방송국에서 정치 드라마를 제작하려고 했어. 그래서 우리에게 어떤 형식으로 드라마를 구성하는 것이 시청률이 잘 나오는 데 도움이 될지 의뢰했지."

장군이는 의아한 얼굴이 되었어.

"아, 드라마를 만드는 일에도 빅 데이터가 쓰이나요?"

"그럼. 드라마 시청 시간에 주로 보는 사람들, 연령대, 그들이 좋아하는 배우와 감독 등을 분석해서 제일 적당한 형식을 만들어 주는 거지. 분석 전문가인 나는 그런 일을 해 주었단다. 그 결과 가장 좋은 시청률이 나왔지."

"이야. 정말 대단해요!"

장군이는 가슴이 뛰는 것을 느꼈어.

컴퓨터보다는 책을 좋아하고, 과학 지식보다는 사람들에 대해 호기심이 많은 장군이에게 사실 미래 세상에서 할 일은 별로 없어 보였어. 모든 일들을 기계가 대신해 주고, 또 컴퓨터로 처리하게 되는 것 같았으니까.

그런데 아저씨가 말한 일은 장군이에게 새로운 흥미를 불러일으켰어. 왠지 컴퓨터 지식보다 호기심이 더 필요한 일 같았거든.

"저, 빅 데이터 분석 전문가가 되려면 어떻게 해야 하나요?"

"흠. 가장 중요한 것은 다양한 분야에 대한 호기심이야. 세상 모든 것에 대한 호기심이라고 해야 할 수도 있단다. 이렇게 폭넓은 관심을 바탕으로 융합적인 사고력을 길러야 하지. 서로 다른 분야의 지식을 결합해서 생각할 줄 알아야 하거든."

"아…. 그러려면 지금부터 제가 어떤 것을 해야 하지요?"

장군이가 눈빛을 빛내며 묻자 아저씨는 하하 웃으면서 장군이의 머리를 쓰다듬었어.

"음. 이 아저씨는 다양한 체험과 독서를 추천한단다."

"네? 그게 다예요?"

아저씨의 말에 장군이는 뭔가 김샌 얼굴이 되었어. 독서와 체험은 학교에서도 권하는 거야. 실제 직업 현장에서 일하는 아저씨는 무언가 거창한 것을 추천해 줄 줄 알았거든. 장군이의 속마음을 알았는지 아저씨는 씨익 미소 지었어.

"물론 과학 공부도 하면 좋겠지. 하지만 미래의 과학 기술도 결국 사람의 삶과 관계되어 있단다. 과학 지식, 수학 지식이 제대로 쓰이려면 사람과 세상에 대해 관심 있게 알아보아야 해. 아니 어쩌면 사람의 삶을 관심 있게 보는 능력이야말로 미래의 가장 큰 경쟁력이 될지도 몰라."

"가장 큰 경쟁력이요?"

"그래. 그런 능력이 어떻게 쓰이냐면……."

아저씨가 한 컴퓨터 화면의 창을 터치로 띄웠어.

"자, 아저씨가 최근에 한 일이야. 사람들이 화장실에 얼마나 오래 앉아 있는지를 알아보는 일이었단다."

"잉? 그런 걸 왜 알아봐요?"

장군이는 의아한 얼굴로 아저씨를 보았어. 아저씨는 장군이의 반응

 을 예상했는지 여유로운 표정으로 다음 창을 띄웠어. 화면에는 다양한 데이터와 그래프가 나타났지.

 "잘 봐. 이 데이터를 보면 남자, 여자에 따라 얼마나 화장실에 앉아 있는지가 나타나 있어. 나이별, 지역별로도 구분되어 있지."

 화면에는 여러 숫자가 나열되어 있었어. 그리고 그걸 나누고 합해서 그래프를 만드는 작업이 한창 진행되고 있었지.

"이 그래프는 왜 만드는 거예요?"

"장군아. 너는 화장실에 앉아서 뭘 하고 있니?"

"음. 게임이요."

장군이는 생각할 것도 없이 바로 대답했어.

"그래. 그러니까 11살짜리 서울에 사는 남자아이가 화장실에 얼마나 오래 앉아 있는지를 알게 된다면 어떨까? 그 시간 안에 즐길 만한 적당한 게임을 만들 수 있겠지?"

"아!"

장군이는 그제야 고개를 끄덕였어. 아저씨는 웃으며 말했어.

"분석도 중요하지만, 어떤 데이터가 필요한지 구상하는 능력이야말로 정말 중요해. 그런 것은 우리 삶을 관심 있게 보는 능력에서 나온단다. 그러니 세상의 이치와 삶을 알려 주는 책을 많이 읽고 다양한 관계 경험을 맺는 게 중요해. 그리고 뭐든 상상하고 호기심을 가져 보렴. 그럼 너도 아저씨처럼 이곳에서 함께 미래 세상에 필요한 일을 만들 수 있을 거란다."

아저씨의 말을 듣고 장군이의 얼굴에는 미소가 가득 떠올랐어. 막막해 보이기만 한 미래 직업을 향해서 한 걸음 나아간 기분이 들었거든. 그리고 책을 보고 다양한 관계를 맺는 건 그야말로 자신 있는 일이야. 장군이는 힘 있는 목소리로 대답했어.

"네!"

우리는 주로 4차 산업혁명을 이끌어 갈 ICT 기술 중에 인공지능, 사물인터넷, 빅 데이터, 초연결, 가상 현실 등에 대한 이야기를 많이 접합니다. 이 책에도 여러분의 이해를 돕기 위해 인공지능, 사물인터넷, 자율 주행 자동차, 빅 데이터, 가상 현실에 대해 담고 있습니다.

그러면 과연 어떤 직업들이 이 기술들에 의해 생겨날까요? 단정할 수는 없지만 지금까지 발달 과정을 살펴보면 대략적인 직업의 모습을 유추할 수 있습니다.

★ **인공지능이 활약하는 직업군** ★

기계 스스로 생각하고 결정할 수 있는 힘을 가진 인공지능과 관련한 직업은 어떤 것이 있을까요? 인공지능이 사회에 널리 퍼지면 사람

들끼리 살아가는 것과는 다른 사건, 사고가 생기게 될 겁니다. 인공지능과 연관된 사건이 많아지게 되지요. 그 경우 법적인 처리와 분쟁도 생겨나게 마련입니다. 지금까지 사람들의 일만 담당한 법률이 아닌 인공지능과 관련된 법적인 제도와 인공지능 전문 변호사가 생길 겁니다.

인공지능을 기반으로 하는 자율 주행 자동차가 운행되면 그와 관련한 직업도 당연히 생겨날 겁니다. 자율 주행 자동차의 인공지능을 담당하는 소프트웨어 개발자가 필요할 것이고, 자율 주행 자동차가 안전하게 주행하도록 주변 상황을 살피는 센서와 관련한 하드웨어 기술자가 필요할 겁니다. 그리고 이 두 가지를 적절하게 융합해 주는 융합 시스템 분야의 전문가도 각광받게 되겠지요.

★ 빅 데이터가 활약하는 직업군 ★

가장 대표적인 직업이 빅 데이터 분석 전문가입니다. 시간이 지날수록 정보량은 계속 늘어날 겁니다. 이것을 처리하기 위해 분석을 전문적으로 하는 일이 필요해집니다. 무질서하게 생겨난 정보를 어디에

이용하고 어떻게 관리해야 하는지를 맡게 되겠지요.

빅 데이터는 의료 분야에도 매우 유용하게 사용됩니다. 건강 검진 기록, 진료 데이터처럼 기존에 병원에서 생산하는 정보는 물론 스마트 시계나 안경처럼 웨어러블 기기에서 자동으로 전송하는 수많은 의료 정보가 쌓일 겁니다. 이러한 정보들을 토대로 개인별 맞춤 의료 서비스를 제공하는 맞춤 주치의나 건강 관리자들도 지금보다 많아질 수 있습니다. 스포츠 분야는 어떨까요? 지금보다 훨씬 많은 선수와 경기에 대한 정보가 생겨날 것입니다. 이것을 분석해서 팀과 선수에 대한 장단점을 판단해 주는 프로그램을 개발하거나 경기 분석 서비스를 하는 직업도 늘 수 있습니다. 비단 선수와 팀을 관리할 뿐만 아니라 경기를 시청하는 팬들의 정보를 분석해 스포츠 마케팅 기술을 개발하는 직업도 나올 것입니다.

★ **사물인터넷이 활약하는 직업군** ★

인터넷으로 모든 사물을 연결하는 사물인터넷 분야도 발달할 겁니다. 이와 관련해 스마트의류 디자이너, 스마트홈 건축가, 웨어러블 공학자 등이 새로운 직업으로 탄생할 가능성이 있습니다. 스마트의류 디자이너는 의류와 직물 형태로 입는 컴퓨터를 만드는 직업입니다. 디자인 요소만 맡는 것이 아니라 그 옷이 사물인터넷과 접목해서 어떤 역할을 할 수 있을지 기획하고 만드는 직업이죠. 스마트홈 건축가는 말 그대로 사물인터넷으로 가득한 집을 설계하고 만드는 직업이고, 웨어러블 공학자는 몸 곳곳에 장착할 수 있는 스마트 기기들을 설계하고 프로그래밍을 합니다.

기술에 따른 다양한 보안에 관한 직업들이 많이 생겨날 겁니다. 방송이나 엔터테인먼트 산업도 지금과 많이 달라질 겁니다. 가상 현실이나 증강 현실, 홀로그램 등을 이용한 콘텐츠가 많아지고 이와 관련된 기기 개발자나 콘텐츠 감독, 디자이너들이 생겨날 겁니다.

이러한 모든 것은 4차 산업

혁명 시대의 가장 근본이 되는 초연결, 즉 광대한 통신을 통해 서로 연결될 겁니다. 웨어러블 공학자와 스마트홈 건축가가 함께 일하기도 하고 스포츠 마케팅 기술자가 증강 현실 감독과 일을 할 수도 있을 겁니다.

> **미래 유망 직업에 대해 더 알아보고 싶다면**

여러 가지 매체와 책 등에서 미래 직업 종류에 대해 이야기하고 있습니다. 어느 것이 맞고 어느 것이 틀리다고 말할 수 없습니다. 같은 매체도 지난해에 분석한 내용과 올해 분석한 내용이 다르기도 합니다. 그만큼 미래가 예측하기 어렵다는 것입니다. 하지만 분명한 것은 여러 가지 기술과 직업들이 융합하고 혹은 나뉘면서 미래 직업의 세계는 꾸준히 발전할 것이라는 겁니다.

어린이 친구들이 미래를 살짝 엿볼 수 있는 사이트 몇 가지 소개해 드리겠습니다.

1. 우리나라 ICT 기술의 현주소를 알 수 있는 한국전자통신연구원 (www.etri.re.kr)

2. 과학에 대한 다양한 이야기를 쉽게 풀어 놓은 한국과학창의재단의 사이언스올 (www.scienceall.com)

3. 인공지능에 대한 다양한 정보를 담아 놓은 AI 스터디 (www.aistudy.co.kr)

4. 로봇 공학의 세계 선두 기업 보스턴다이나믹 유튜브 채널 (www.youtube.com/user/BostonDynamics)

5. 빅 데이터와 인공지능의 선두 기업 구글의 유튜브 채널 (https://www.youtube.com/user/Google)

6. 미래를 이끌어 갈 새로운 기술을 개발하는 구글 X (x.company)

사물인터넷
(IoT, Internet of Things)

　　인터넷은 PC나 스마트폰을 이용해 '사람과 사람을 연결해 주는 소통의 도로'입니다. 엄마, 아빠가 어린 시절에 가지고 놀던 실 전화기의 실과 비슷합니다. 'IoT(Internet of Things)'는 이 인터넷을 사람과 사람 간 연결에서 사물까지 확대한 기술로, '사물인터넷'이라고 불립니다. 즉, 사물인터넷은 인터넷이라는 실을 통해 사람과 기계, 기계와 기계가 소통하게 하는 ICT 기술입니다.

　　사물인터넷이라는 말이 처음 나온 시기는 1999년입니다. 당시 매사추세츠공과대학교의 오토아이디 센터(Auto-ID Center) 소장 케빈 애슈턴(Kevin Ashton)은 '전파를 이용해 먼 거리의 정보를 읽어 내는 기술인 RFID와 기타 센서를 사물에 탑재한 시스템이 도입될 것'이라고 예상했습니다. 그리고 이것을 '사물인터넷'이라 불렀습니다. 그는 "모든 사물에 컴퓨터가 들어 있어 인간의 도움 없이 스스로 알고 판단하게 되면 고장·교체·유통 기한 등을 고민하지 않아도 될 것이다"라며 "이 같은 사물인터넷은 인터넷의 업적 이상으로 세상을 바꿀 것이다."라고 말했습니다.

● 사물인터넷의 핵심 '인공지능'

4차 산업혁명에서 사물인터넷이 특히 주목받는 이유는 최근 이 기술의 핵심에 인공지능이 들어 있기 때문입니다. 인공지능의 발달로 사물인터넷 기술은 사람과 사물의 소통에서 사물과 사물 간의 소통까지 발전했으니까요.

한 가지 예를 들어 보겠습니다. 무더운 8월, 친구들과 신나게 축구를 하고 집으로 돌아가는 남자가 있습니다. 이 남자의 손목에는 스마트 시계가 있어 그의 체온과 심박 수, 바이오리듬 등을 자동으로 점검합니다. 남자의 자동차가 집 주차장에 들어서자 집 안의 에어컨이 자동으로 켜지며 그의 컨디션에 가장 알맞은 온도에 맞춰 작동합니다. 보일러는 적정 온도로 물을 데우고 욕조는 목욕에 알맞은 양으로 물을 받습니다. 거실의 오디오는 그의 기분에 맞는 음악을 틉니다.

이러한 상황을 실현하려면 반드시 인공지능의 도움이 필요합니다. 집 안 어딘가에 전체 가전제품을 지휘하는 인공지능 컴퓨터가 인터넷에 연

⭐ IT 기술 이야기

파프리카가 떨어졌어요. 5개 갖다주세요.

결되어 있어야 합니다. 이 인공지능은 남자가 찬 스마트 시계에서 신체 정보를 받아 가장 알맞은 에어컨과 온수 온도를 계산할 수 있습니다. 인터넷을 통해 에어컨과 보일러, 욕조에 자동으로 명령을 내립니다. 남자의 바이오리듬에 맞는 음악을 인터넷에서 찾는 것도 인공지능의 역할입니다. 즉 집안의 모든 사물은 인터넷을 통해 인공지능과 연결되고 명령을 받아 실행하는 겁니다.

이렇게 집의 사물을 진두지휘하려면 24시간 내내 전원이 켜져 있어야 하고 인터넷에 연결되어야 합니다. 기업들은 이 역할을 가장 충실하게 해 낼 수 있는 가전제품으로 냉장고를 꼽습니다. 따라서 현재 사물인터넷 분야의 가장 이슈가 되는 가전제품은 바로 인공지능이 탑재된 냉장고입니다. 최근 냉장고는 내부 식재료를 파악해 한 주 식사량을 계산해 마트에서 주문하는 기능까지 개발됐습니다.

● 사물인터넷의 미래

사물인터넷 기술은 어디까지 진화했을까요. 우리 주변에도 많은 사물인터넷 기술이 쓰입니다. 애플워치 같은 스마트 시계, 스마트폰으로 밝기와 색상을 조절하는 전등, 인공지능 스피커도 대표적인 사물인터넷 제품입니다. 주차장 입구에서 각 층의 주차 가능 대수를 표시해 주는 표지판도 사물인터넷 기술입니다. 아마 추후에는 이 표지판이 사라지고 내 차의 내비게이션이나 스마트폰을 통해 남은 자리를 알려 주거나 자동으로 자동차가 남은 자리를 찾아가게끔 변화할 겁니다.

많은 국가와 기업들은 사물인터넷 시장을 선점하려고 핵심 기술을 개발하고 서비스를 활성화하고자 노력합니다. 사물인터넷은 어떤 사물에도 적용할 수 있어 시장 규모가 무궁무진해질 수 있습니다. 미래창조과학부는 2013년 2.2조 원이던 국내 사물인터넷의 시장 규모가 2020년 22.8조 원까지 늘 것으로 보았습니다. 세계 시장은 9,345조까지 성장할 것으로 예상합니다.

시장의 규모가 크다는 것은 그만큼 활용 범위가 넓다는 뜻입니다. 관련한 직업도 무궁무진하게 쏟아져 나올 것입니다. 앞으로 사람이 쓰는 모든 사물에는 인터넷이 연결될 것이라고 생각해도 무방하기 때문입니다.

이야기 다섯

내가 만들어가는 일의 미래

로봇세, 기본 소득,
여가가 늘어나는 삶
달라지는 일의 미래 속에서
적극적으로 내 일을 만들다!

삼총사, 달라진 일의 미래에 대해 토론하다!

장군이는 민수가 안내해 준 휴게실에 앉아 친구들을 기다렸어. 얼른 친구들이 와서 VR 여행을 떠난 이야기를 들려주기만을 바랐지.

이윽고 휴게실의 문이 열렸어. 샛별이가 들어오자 장군이는 반갑게 외쳤어.

"장샛별! 왜 이렇게 늦었어."

"늦다니! 내가 지금 어느 시대에서 온 건지 알기나 해?"

으스대는 샛별이의 표정에 장군이는 더욱 기대하게 되었어.

"뭐야. 어디로 여행을 갔다 온 건데?"

"너 말보다 느린 자동차 본 적 있어?"

"하, 그런 말도 안 되는 말은 처음 들어 본다."

어처구니없어 하는 장군이의 반응에 샛별이는 그럴 줄 알았다는 듯이 킥킥 웃었어.

"짜잔, 내가 왔다!"

벌컥 휴게실의 문이 열리며 이번에는 혜수와 민수가 들어왔어. 혜수가 어찌나 활기차게 들어오는지 장군이와 샛별이는 하던 말도 까먹었다니까.

"어? 형, 혜수야."

"혜수야. 스티브 잡스는 만났어?"

"그럼! 만났지. 잡스만 만난 게 아니야. 워즈니악도 만났다고."

"정말?"

잔뜩 상기된 혜수를 보고 장군이와 샛별이는 덩달아 기대에 차 자리에서 일어났어.

"하하, 자. 일단 자리에 앉자. 너희가 어떤 여행을 했는지 꽤 긴 이야기가 될 것 같으니."

민수가 말하자 세 친구들은 모두 자리에 앉았지. 민수는 샛별이를 보며 말했어.

"자, 샛별아. 네가 제일 먼저 여행을 떠났으니 네 이야기부터 들어 볼까?"

"아, 네. 저는 1880년 영국을 다녀왔어요. 이제 막 증기 버스가 탄생했고, 마차와 자동차가 함께 다니고 있더라고요."

"정말? 마차와 자동차가 함께 다닌다니! 자동차 때문에 말들이 놀라지 않을까?"

"아니. 그럴 일이 절대 없어. 버스가 마차보다 훨씬 느리게 가거든."

"엥? 자동차 기술이 그렇게 형편없단 말이야?"

혜수는 샛별이의 말에 어이없는 얼굴이 되었어.

"그게 아니야. 자동차는 충분히 마차보다 더 빨리 달릴 수 있지만, 일부러 느리게 가는 거였어. 자동차가 빨리 달리면 사람들이 마차 대신 자동차만 타겠지. 그러면 마부들이 일자리를 잃게 될 거 아니야? 그래서 당시 왕이었던 빅토리아 여왕은 마부들을 위해 자동차가 느리게 가도록 법을 정했어."

"세상에. 그런 일이 있었다니."

"그 옛날 사람들도 지금 우리와 비슷한 걱정을 하고 있었어. 기술이 발달되어 일자리가 없어질까 걱정한 거야."

"하지만, 그렇다고 자동차를 마차보다 느리게 가게 하다니."

민수는 아이들의 말을 잠자코 듣다가 입을 열었어.

"무척 특이한 광경을 봤네. 그런데 그 모습을 보니 어떤 기분이 들었니?"

"흠. 처음에는 그런 법을 만든 여왕이나 당시 사람들이 어리석게 느껴졌어요. 아무리 법으로 기술의 발달을 제한한다고 해도, 결국 막을 수는 없다는 걸 미래에서 온 저는 알고 있으니까요. 실제로 영국은 자동차 산업이 다른 나라에 비해 많이 뒤처지게 되었고요."

"그랬구나."

"맞아. 진짜 어리석은 사람들 같아."

장군이와 혜수가 맞장구치자 샛별이는 조금 곤란한 미소를 지었어.

"그런데, 한편으로는 당시 사람들의 선택이 이해되기도 했어요."

"뭐?"

샛별이의 말에 혜수와 장군이가 의아한 얼굴이 되었어.

"사람들은 그만큼 절박했던 거야. 자신의 일자리가 사라지고, 생존이 힘들어지게 될까 봐 두려웠던 거지. 그리고 그런 일은 실제로도 일어났어."

아이들은 흥미진진한 얼굴로 샛별이를 보았어. 샛별이는 1880년대 영국을 떠나 신문사에서 만난 문선공 할아버지를 떠올렸어.

"또 여행을 간 곳에서 '문선공'이라고 아주 놀라운 기술과 판단력을 지닌 사람을 만날 수 있었어. 신문사에서 매우 중요한 역할을 맡는 사람들이었어. 그런데 컴퓨터 기술의 발달로 활자가 없어지면서 문선공들도 사라졌어. 모두 훌륭한 능력을 지닌 사람들이었는데 말이야."

샛별이의 말을 듣고 민수는 턱을 매만지며 말했어.

"맞아. 문선공들은 컴퓨터가 보급되면서 사라지게 되지."

"아, 어떻게 해."

샛별이가 탄식을 내뱉자 장군이와 혜수도 안타까운 마음이 들었어. 여행에서 만난 문선공 할아버지가 무척 걱정되었던 모양이야.

"기술이 발달되는 것이 마냥 좋기만 한 것이 아니라는 걸 느끼게 되었어."

"그럼 여왕처럼 기술의 발달을 막아야 할까? 그것도 별로 현명한 선택 같지는 않아."

대화가 이어질수록 아이들은 점점 고민에 빠져들었어. 이 문제에 과연 답이 있을까?

미래, 나에게 맞는 일과 진로를 더 잘 찾아볼 기회가 많아!

한동안 휴게실이 조용해졌어. 침묵을 깬 것은 민수였어.

"문선공들의 이야기는 안타깝지만, 기술은 하루아침에 세상을 바꾸지는 않아. 기술은 변화를 불러오지만, 변화는 천천히 다가와. 나는 샛별이의 여행에서 오히려 기술 발달로 인한 변화 과정이 예전부터 끊임없이 있었다는 점을 새삼 떠올리게 되는걸? 그것에 항상 관심을 기울인 사람들은 다른 직업을 갖게 되기도 해."

"아, 맞아요."

민수의 말에 장군이가 크게 맞장구를 쳤어.

"나는 빅 데이터 연구개발원에 다녀왔는데, 그곳에서 놀라운 사실을 알게 되었어."

"놀라운 사실?"

"응. 과학 기술이 발달하면서 덩달아 직업이 무척 많아진다는 거야."

"잉? 갑자기 그게 무슨 말이야?"

혜수가 눈썹을 찡그리며 묻자 장군이는 확신에 찬 얼굴로 말했어.

"봐. 우리는 그동안 새로운 과학 기술이 우리의 일자리를 없애는 것만 걱정했잖아. 하지만 새로운 기술로 인해 생겨나는 일자리에 대해서는 잘 알지 못했어. 그건 전에는 아예 없는 일이었기 때문에 더욱 그렇게 느껴졌던 거야."

"오호. 장군이가 굉장한 사실을 배우고 왔는데?"

민수가 웃으며 말했어.

"장군이 말이 맞아. 기술이 사라지게 하는 일자리도 있지만 만들어 내는 일자리도 있어."

"만들어 내는 일자리요?"

샛별이가 묻자 민수는 고개를 끄덕였어.

"나만 해도 가상 현실이라는 기술로 인해 생겨난 직업을 가지고 있어. 그뿐만이 아니야. 구글과 애플 같은 글로벌 기업도 컴퓨터의 발달로 생겨난 회사들이야. 그전에는 아예 없던 직업들이지."

민수의 말에 혜수가 씨익 웃으며 말했어.

"오빠, 내가 또 그 구글과 애플을 탄생시킨 사람들을 만나고 왔잖아."

"아. 그래. 혜수 너는 어떤 여행을 했어?"

"나는 과거로 가서 스티브 잡스와 스티브 워즈니악을 만났어. 애플 컴퓨터를 이제 막 만들어 낸 시기로 갔지."

"정말? 그럼 세상이 두 사람을 온통 주목하고 있을 때였겠네?"

샛별이의 말에 혜수는 고개를 설레설레 저었어.

"아니. 주목은커녕 오히려 거절당하고 있던걸?"

"거절당했다고?"

놀란 눈이 되어 묻는 장군이를 보고 혜수는 고개를 끄덕였어.

"응. 그것만이 아니야. 허름한 차고에서 온갖 잡동사니에 둘러싸여서 회로를 만지고 있더라고. 사람들의 관심과 지원은 전혀 받지 못하고 있었어."

"말도 안 돼. 지금 애플은 전 세계에서 가장 유명한 회사인데."

"응. 그때만 해도 두 사람이 만든 제품 이야기가 아주 허무맹랑한 말로 들렸나 봐. 워즈니악이 HP 회사에 제품을 거절당하고 와서 한숨을 얼마나 내뱉던지."

혜수의 말에 민수가 턱을 매만지며 중얼거렸어.

"두 사람은 엄청난 인재들인데 당시 사람들에게는 인정받지 못했던 모양이구나."

"응. 두 사람이 선보인 컴퓨터는 당시 산업에는 환영받지 못하는 거였나 봐."

"그럼. 너는 좌절하는 두 사람을 위로해 주고 온 거야?"

"전혀. HP에게 거절당하기는 했지만, 두 사람은 컴퓨터를 더 붙들고 열을 올리던걸? 직접 개인용 컴퓨터를 만드는 회사를 세운다면서 말이야."

혜수의 말에 장군이와 샛별이는 '역시 스티브 잡스구나'라는 생각을 했어. 혜수는 차분히 말을 이어 나갔어.

"두 사람을 보면서 문득 그런 생각이 들었어. 기존의 일에서 나의 진로를 꼭 찾아야 할 필요가 있을까? 나에게 맞는 일을 새롭게 만들어 나가는 것이 더 즐겁지 않을까? 그런 생각 말이야."

"흠. 사실 요즘 나도 그런 생각을 자주해."

"오빠도?"

민수의 말에 혜수가 깜짝 놀란 얼굴로 민수를 보았어. 민수는 당연하다는 듯이 말했어.

"주어진 일을 하는 것보다 내가 하고 싶은 일을 하는 것이 더 즐거운 법이니까. 그리고 미래는 '나에게 맞는 일을 즐겁게 하는 것'이 더욱 중요한 세상이 될 거야."

혜수가 그 말을 듣고 손뼉을 쳤어.

"아, 맞아. 그러고 보니 스티브 잡스가 그렇게 말했어. 자신들의 차고는 작업실이자 '놀이터'라고."

민수는 빙그레 웃음을 지었어. 역시 자신만이 생각한 문제가 아니었다는 생각이 들었거든.

● ● ●

미래 일의 가치가 달라지다! 노동에서 의미와 재미로!

생각에 잠긴 민수를 보고 장군이가 조심스럽게 민수에게 물었어.

"형. 아까 그 말이 무슨 뜻이에요?"

"응?"

"미래는 '나에게 맞는 일을 즐겁게 하는 것'이 더욱 중요한 세상이 된다고 했잖아요."

"아. 그건."

민수는 아이들을 향해 어떻게 설명해야 할지 고민했어. 이 이야기는 자칫 어렵게 들릴 수도 있었거든. 민수는 혜수의 여행을 떠올리며 이야기를 시작했어.

"혜수가 여행에서 본 것처럼, 컴퓨터가 보급되면서 사람들은 일일이 활자를 맞출 필요가 없어졌어. 그 시간에 컴퓨터와 인쇄 기계를 쓰면 훨씬 많은 신문과 책을 빠르게 만들 수 있지. 그만큼 사람들의 일은 덜어지고, 생산량은 많아진 거야."

"네, 맞아요."

"그건 다시 말하면, 사람들이 일하는 시간이 줄어든다는 이야기야. 사람들 대신 기계가 일하게 되지. 사람들은 그만큼 여가 시간이 늘어나게 될 거야."

아이들은 민수의 말에 귀를 기울였어. 기계가 사람의 일자리를 빼앗아 가는 것이 아니라, 기계가 사람의 일을 줄여 주고 여가 시간이 늘어나게 된다니.

"과거 산업혁명 시대에는 물자가 부족한 시대였어. 그래서 물건을 대량으로 만들어야 했고, 사람들이 많은 노동을 해야 했어. 사람들이 일해서 돈을 벌고, 소비하는 것이 굉장히 중요한 역할이었단다."

혜수와 샛별, 장군이는 수업 시간에 비슷한 내용을 배운 적이 있었어. 물건이 부족하고 가난하던 과거에는 일의 목적이 생산량과 성과였다고 해. 과학 기술이 발달하면서 물건을 대량으로 생산하게 되고, 사람들은 풍요로운 환경에서 살 수 있게 되었지. 사람들은 전처럼 하루 온종일 일하지 않아도 되었어. 그리고 남은 시간을 쉬거나 자기가 좋아하는 것을 할 수 있게 되었지.

"IT 기술이 발달하면서 세상은 더욱 편리해졌어. 기계를 쓰면 짧은 시간에도 많은 성과를 거둘 수 있지. 생산량이 충분해지면서 점점 일의 목적도 달라질 거야. 성과와 생산량보다는 재미와 즐거움, 그리고 우리 모두에게 더 나은 삶을 만들기 위해 사람들은 일하게 되겠지."

민수의 말에 아이들은 잠시 할 말을 잃었어. 혜수는 문득 스티브 잡스와 스티브 워즈니악, 그리고 래리 페이지와 세르게이 브린이 떠올랐어. 그들은 모두 어떤 성과를 위해 일하는 것 같지는 않았어. 그들의 얼굴에는 강한 호기심과 흥미, 열정이 가득했지.

"그래서 스티브 잡스가 자기 일을 '놀이'라고 이야기했던 거구나."

혜수가 중얼거리자 샛별이도 생각에 골똘히 잠겼어.

"놀이가 일이 된다면 정말 신날 것 같아요."

"무언가 잘해야 한다는 부담도 덜할 것 같아요."

"응. 앞으로 일은 여가와 비슷한 의미를 지닐지도 몰라. 성과에 대한 부담을 덜고, 자기계발의 욕구를 채워 주는 어떤 활동으로 자리하게 될지도 모르지. 그러니 내가 어떤 일을 하고 싶은지를 곰곰이 잘 생각해 봐야겠지?"

아이들은 크게 고개를 끄덕였어. 민수는 어려운 이야기를 아이들이 잘 이해한 것 같아서 다행스러웠어.

"미래는 사실 우리가 만들어 가는 세상일 뿐이야. 과학 기술의 발달도 역시 사람이 이끌어 가는 거거든. 그러니까 가장 중요한 것은 우리가 함께하는 사람들, 그리고 환경, 공존하는 삶에 대한 관심과 관찰이 아닐까 싶어. 자기 자신을 향한 관심도 꾸준히 가져야 해. 그 관심

들 속에서 자신의 미래 직업과 일도 찾게 될 테니까."

　미래는 우리가 만들어 간다. 민수도 선생님과 똑같은 말을 하자 아이들은 빙그레 웃음이 떠올랐어. 선생님이 맨 처음 그 말씀을 하실 때는 어떤 의미인지 잘 몰랐어. 하지만 지금은 어떤 의미인지 알 것 같았거든. 아이들은 IT 기술로 구현되는 미래 세상이 이제 어렵게만 느껴지지는 않는 것 같았어. 오히려 얼른 그 세상에 나아가 활약하고 싶어졌어.

 1, 2, 3차 산업혁명은 기존의 일자리를 없애기도 했지만 새로운 일자리를 만들기도 했습니다. 마찬가지로 인공지능과 로봇이 주로 일을 맡게 되는 4차 산업혁명 시대에도 기존의 일자리가 사라지고 새로운 일자리가 생겨날 겁니다.

 그런데 한 가지 문제가 있습니다. 4차 산업혁명에서는 그 변화의 속도가 앞선 산업혁명들과는 비교할 수 없을 정도로 빠를 거라는 예상입니다. 인공지능과 로봇이 사람의 일을 대신하는 속도가 점점 빨라질 것이기 때문입니다. 결국 그 일을 하던 사람들은 새로운 일을 얻기 전에 일자리를 잃게 되는 것입니다. 큰돈이 있는 회사는 물론, 일반 기업까지 로봇이라는 새로운 생산 수단을 회사에 들일 가능성이 높습니다. 로봇이 사람보다는 훨씬 비용이 덜 들고 많이 생산할 수 있기 때문이지요. 그런데 그전에 그 일을 맡던 사람들은 새로운 기술을 배우거나, 다른 직업을 얻기 위해 상당한 시간과 비용이 필요한 것이 문제입니다. 새로운 직업을 바로 얻지 못하고 그대로 일자리를 잃을 위험이 커지는 것이지요. 이렇게 빠른 변화로 생기는 사회적인 충격에 대해서도 우려하는 목소리가 있습니다.

로봇세에 대해 알아볼까요?

이러한 사회적인 충격을 방지하기 위해 미국 실리콘밸리의 기술자들은 '로봇세'를 주장합니다. 로봇이 사람과 동일한 일을 한다면 비슷한 수준의 세금을 내자는 것이지요. 마이크로소프트의 창업자 빌 게이츠도 로봇세에 동의하고 있습니다. 그렇지 않으면 로봇이라는 생산 수단을 가진 회사, 기업인들만 돈을 많이 벌고, 일반 노동자들은 일자리를 잃게 될 테니까요. 변화가 급속도로 진행된다면

일반 노동자들이 다른 직업과 기술을 얻기 전에 일자리를 속수무책으로 잃게 될지도 모릅니다. 이렇게 몇몇 기업들만 돈을 벌게 되면 대중을 대상으로 하는 시장 소비도 줄어들 것입니다. 사회 또한 큰 충격에 빠져 사회 안전망이 흔들리게 될지도 모릅니다.

만일 로봇세를 낸다면 로봇을 보유한 사람들이 세금을 내게 되므로, 그 세금을 직업이 없거나 일을 적게 하는 사람을 위해 사용할 수 있게 되는 겁니다. 오히려 지금보다 일을 적게 하더라도 복지 혜택은 더 늘어날 수 있을지 모릅니다. 그렇게 되면 과학 기술이 발전하는 것을 두려워하는 사람들의 태도도 달라질 거라는 주장이지요. 다만 로봇의 정의를 어디까지 내릴지, 세금을 매길 범위를 어디까지 할지 등 논의할 것이 매우 많은 상황입니다.

기본 소득이 무엇일까요?

기본 소득은 모든 사람들에게 일정 소득을 지급하는 것을 말합니다. 인간다운 삶을 위해 재산과 소득에 관계 없이 누구나 일하지 않고도 일정 돈을 받도록 하자는 이야기입니다. 현재 핀란드에서는 시험

적으로 일부 적용되고 있는 제도입니다. 이것은 사회적으로 점점 지지를 얻고 있습니다. 아직 논의에 그치고 있기는 하지만, 그 의도에 대해서만큼은 많은 사람들의 공감을 받고 있습니다. 꼭 로봇세가 아니더라도 인간의 노동력을 대체하는 기술이 뭔가 인간에게 보상을 해야 한다고 말입니다.

4차 산업혁명 시대에 로봇과 로봇, 또는 로봇과 인간이 맞춰서 일하게 됩니다. 지금까지와는 일하는 현장과 방식이 완전히 바뀌게 되지요. 그에 따라 소득의 분배, 생산력의 집중 등 해결해야 할 사회적인 과제가 많습니다. 기술의 개발이 사회 질서를 깨뜨려서는 안 되니까요. 때문에 많은 사람들이 이 문제에 관심을 갖고 슬기롭게 해결하는 것은 매우 중요합니다.

여가가 더 늘어나는 미래의 삶

앞서 언급했듯이 4차 산업혁명 시대가 되면 인간들의 노동 시간은 줄어들게 될 것입니다. 그렇게 되면 사람들은 남은 시간을 어떻게 보낼까요? 사람들은 이제 여유 시간에 무엇을 할지 고민하게 될 겁니다. 시간이 없어서 못한 운동도 지금보다 더 많이 하고, 관심을 갖던 분야의 정보를 찾는 시간도 더 많아지겠죠. 그동안 시간이 없어 못했던 취미 생활이나 여행을 떠나기도 할 것입니다.

어쩌면 이러한 여유를 잘 보내기 위한 기술도 생겨나게 될 것입니다. 인터넷 방송, 스마트폰 게임, 3D 기술을 가미한 가상 현실 영화, 스크린 골프, 스크린 야구 등도 불과 10여 년 전에는 개념조차 희박했던 기술들입니다. 그런데 우리는 지금 그 기술이 만들어 낸 놀이와 즐거움을 누리며 여가를 보내고 있지요. 앞으로 우리는 어떤 기술을 가지고 여유 시간을 즐기게 될까요?

인공지능
(Artificial Intelligence)

'기계적으로 만들어진 두뇌', '컴퓨터를 이용한 이상적인 지능을 갖춘 장치', 우리는 보통 인공지능을 이렇게 생각합니다. 하지만 인공지능은 생각보다 복잡하고 다양합니다. 인공지능의 역사도 이미 50년을 훌쩍 넘었습니다. 인공지능은 쉽게 설명하면 인간처럼 학습하고 생각하는 기계나 기술입니다. 다시 말해 '생각하는 기계'입니다. 집이나 회사에서 사용하는 컴퓨터가 사람이 명령하는 일만 하는 반면, 인공지능은 스스로 할 일을 찾아서 수행할 수 있습니다. 어떤 문제 상황에서 스스로 방법을 찾고 답을 알아낼 수 있다는 뜻입니다.

● **인공지능의 발달, 기계 학습**

인공지능 기술은 언제 시작한 걸까요. 1950년대 초에 '컴퓨팅 머신(Computing Machine)'이라는 말이 생겼습니다. 인공지능도 이와 비슷한 시기인 1940년대 후반에서 1950년대 초반에 다양한 영역의 과학자

★ IT 기술 이야기

들이 본격적인 논의를 시작했습니다. 전문가들은 1956년 다트머스 회의(Dartmouth Conference)를 인공지능이 학문 분야로 들어선 역사적인 순간으로 말합니다. 바로 이 행사를 주최한 존 매카시(John McCarthy)가 자신들의 연구를 '인공지능(Artificial Intelligence)'이라고 불러 주길 요청했기 때문입니다.

최근 인공지능은 '딥 러닝'이라는 학습 기술이 핵심입니다. 딥 러닝이란 '기계 학습' 방법의 하나입니다. 기계 학습이란 컴퓨터에 엄청나게 많은 데이터를 주고 스스로 일반적인 형식을 찾도록 하는 방법을 말합니다.

다시 말해 데이터만 계속 넣어 주면 알아서 중요한 특징들을 찾아내 스스로 학습합니다. 사람이 경험을 계속 쌓아 지식을 터득하는 것과 비슷한 방식입니다.

몇 해 전 유명했던 바둑 인공지능 알파고를 볼까요? 알파고는 딥 러닝 방식으로 기존에 활동하는 프로 바둑 기사들의 바둑 패턴을 공부했습니다. 여기에 '강화 학습'을 더했다고도 합니다. 강화 학습은 알파고와 또 다른 알파고가 서로 대국하면서 바둑을 습득하는 형식입니다. 강화 학습을 거치면서 알파고는 바둑 실력을 프로만큼 훌쩍 키울 수 있었다고 합니다.

● 약한 인공지능과 강한 인공지능

인공지능의 형태는 크게 '약한 인공지능(weak AI)'과 '강한 인공지능(strong AI)'으로 나눌 수 있습니다. 약한 인공지능은 인간의 다양한 능력 가운데 특정 능력만 구현할 수 있고, 사람만큼의 지능을 기대할 수는 없습니다. 즉, 어떤 문제를 스스로 생각하거나 해결할 수 없는 '컴퓨터 기반의 인공적인 지능'인 셈입니다. 하지만 이 녀석도 일반 사람의 눈높이에서 봤을 때는 엄청나게 똑똑한 장치임은 틀림없습니다. 방대한

IT 기술 이야기

데이터와 정보를 기반으로 사람보다 월등한 능력으로 문제를 수행해 내기 때문입니다. 하지만 어디까지나 사람의 지능을 흉내 내는 것에 불과합니다.

반대로 ==강한 인공지능은 자신이 인공지능인 것을 자각할 수 있을 만큼 지적 수준이 우수합니다.== 영화 '아이언맨'에서 아이언맨과 대화하는 인공지능 '자비스'를 보았나요? 이러한 인공지능이 강한 인공지능입니다.

아직 우리는 대부분 약한 인공지능을 사용합니다. 대표적인 예로 인공지능 비서인 '시리'나 '구글 홈', 또는 '카카오미니'와 같은 AI 스피커 등이 있습니다.

● **인공지능, 산업의 기반이 되다**

산업에서도 인공지능은 중요한 역할을 합니다. 전자 제품은 자신의 수명이나 고장 여부를 스스로 판단해 방문 수리를 신청하거나 교체 시기를 결정할 수 있습니다. 스마트폰 등에서 얻은 다양한 정보를 통해 사용자의 행동 패턴을 파악해 가장 적합한 제품을 추천해 주는 것은 몇 년 사이에 기본 기능으로 자리를 잡을 겁니다.

자동차의 경우 자가 진단이나 부속품 교환 시기를 알려 주는 시스템이 이미 도입돼 있습니다. 4차 산업혁명 시대의 모든 산업은 인공지능이 기본이 될 것이라고 생각합니다.

하지만, 인공지능을 단순히 산업적인 측면에서만 보는 것은 바람직하지 않습니다. 아무리 뛰어난 인공지능이 개발된다고 해도 인간만이 전할 수 있는 정서와 가치를 대신하기는 어렵습니다. 그러므로 우리는 인공지능보다 더 뛰어난 능력인 '인간다움'에 주목해야 합니다. 인공지능으로 인간을 대신하려는 노력보다 인간만이 가진 능력에 대한 의미를 찾아야 합니다.

관련 교과 정리

3학년 사회 1학기	3. 교통과 통신 수단의 변화
3학년 컴퓨터와 생활	1. 나는 정보검색 왕
	2. 다정한 친구되기, 정보를 주고 받아요
3학년 소프트웨어 코딩 기초	13. 소프트웨어 이해하기(프로그래밍)
	14. 소프트웨어와 미래 직업 알아보기

4학년 컴퓨터와 생활	2. 너와 나의 연결고리
	5. 인터넷 중독 예방

5학년 실과	6 생활과 정보

6학년 사회 1학기	3. 우리나라의 경제발전
6학년 실과	3. 생활과 전기 전자
	4. 나의 진로
	6. 생활과 정보

● 저는 "과학탐험가는 어떤 일을 하나요?"라는 질문을 많이 받습니다. 탐험가는 흔히 사막 같은 오지를 여행하는 사람이라는 선입견 때문이겠죠. 저는 IT 기술을 활용해 과학적 주제(우주, 공룡, 화산, 오로라)들을 탐험합니다. 역사 속 탐험가들이 신체 능력에 의존해 탐험을 했다면 4차 산업혁명 시대의 탐험가들은 다양한 IT 기술과 장비를 이용해 탐험을 합니다. 드론으로 화성과 비슷한 호주 사막을 스캔해서 3차원 지도를 만들고, 드론에 화학 반응 센서를 장착해 땅속에 있는 운석을 찾기도 합니다. 그뿐일까요. 인공지능 기술을 이용해 작은 공룡 화석을 토대로 원형의 모습을 복원합니다. 탐험의 절반이 IT 기술이라고 해도 과언이 아닙니다. 어린이 여러분이 마주할 미래 사회의 직업은 IT 기술과 어떤 방식으로 만나게 될까요? 이 책을 통해 여러분의 호기심이 IT 기술을 만나면 어떤 시너지를 낼 수 있는지 즐겁게 탐험해 보세요.

★ 문경수 과학탐험가

● 이 책은 진로에 대한 여러분의 상상력에 날개를 달아 줄 것입니다. 끊임없는 호기심과 끈기를 갖고 과학에 도전해 보세요. 4차 산업혁명의 주인공은 바로 여러분입니다. 미래에는 여러분들이 상상만 하면 뭐든지 가능한 시대가 될 것입니다. 이 책을 통해 미래의 이야기들을 맘껏 즐겨 보세요.

★ **정길호** ETRI 성과홍보실장·경영학박사

● 우리에게 과학은 더이상 과학자만의 것이 아닙니다. 우리의 미래는 과학 기술로 만들어지고 어린이 여러분은 과학이 만들어 내는 세상에서 직업을 고르게 되기 때문입니다. 이 책은 미래 과학자를 꿈꾸는 어린이들에게 등불처럼 방향을 알려 주는 안내서입니다. 어렵고 복잡한 과학 기술 정보가 쏟아지는 요즘, 어린이 여러분을 위해 좀 더 이해하기 쉽고 구체적인 설명이 필요합니다. 이 책을 쓴 김상현 작가님은 오랜 기간 어린이와 청소년을 대상으로 하는 과학 전문 기자로 활동하고, 지금은 새로운 과학 기술 소식을 사람들에게 알리는 일을 합니다. 그 옛날 김상현 어린이가 꿈꿨던 과학자의 길을 과학 기자로서 걸어가고 있는 것이죠. 꼬마 과학자였던 김상현 기자가 엮은 이 책으로 어린이 여러분이 미래를 꿈꾸고 이뤄 나갈 수 있기를 바랍니다.

★ **정미정** 국가과학기술연구회 대외협력부장

● 어린이 여러분이 살아갈 미래는 다양한 신기술의 발전으로 사회가 빠르게 변화할 것입니다. 인공지능, 자율 주행 자동차, 빅 데이터, 무인화 공장 등 우리는 이미 일상에서 커다란 변화를 느끼고 있습니다. 이러한 상황에서 자라나는 어린이 여러분에게는 '세상의 변화가 어떻게 진행되고, 새로 생겨나고 없어지는 일자리는 무엇인지' 생각해 볼 기회가 필요합니다.

불확실한 미래에 어린이 여러분들은 무엇을 준비해야 할까요? 바로 변화를 이해하고, 스스로 삶을 개척해 나가는 능동적이고 자기주도적인 역량을 키워야 할 것입니다. 이 책은 자신의 진로를 창의적으로 개발하고 설계할 수 있도록 돕는 나침반 역할을 해 줍니다. 이 책을 읽고 어린이 여러분이 미래에 관심을 갖고 자신의 미래를 개척해 나가게 되기를 바랍니다.

★ **한혁** 대전광역시교육청 중등교육과 진로진학담당 장학관

국어, 사회, 과학, 기술, 도덕, 경제까지
교과목 공부가 되고 세상의 눈을 키우는 상식도 쌓아 주는
사회과학 동화 시리즈

공부가 되고 상식이 되는! 시리즈 ❶
어린이 생활 속 법 탐험이 시작되다!
신 나는 법 공부!
장보람 지음, 박선하 그림 | 168면 | 값 11,000원

변호사 선생님이 들려주는 흥미진진한 법 지식과 리걸 마인드 키우기!
이 책은 어린이 친구들에게 법률 지식은 물론 실생활에서 일어나는 크고 작은 사건들을 통해 법적 시야를 길러준다. 흥미로운 생활 이야기를 통해 어린이 친구들이 법적 추리, 논리를 배우고 꼭 필요한 시사상식을 알 수 있게 한다. 현직 변호사 선생님이 직접 동화와 정보를 집필하여 어린이 친구들에게 자연스럽게 리걸 마인드(legal mind)를 키워낼 수 있도록 돕고 있다. 생활에 필요한 법 지식을 배우게 되어, 법치 질서가 중요해지는 미래 사회의 인재로 자라나게끔 이끌어준다.

공부가 되고 상식이 되는! 시리즈 ❷
동화로 보는 착한 소비의 모든 것!
미래를 살리는 착한 소비 이야기
한화주 지음, 박선하 그림 | 148면 | 값 11,000원

친환경 농산물, 동네 가게와 지역 경제, 대량생산 vs 동물복지, 저가상품 vs 공정상품
이 책은 어린이 친구들에게 현대 사회의 중요 행동인 "소비"를 통해 사회 활동과 경제 활동에 대한 이해를 높이며, 현명한 소비 생활에 대해 생각거리를 던져 주는 동화책이다. 왜 싼 제품을 사면 지구 건너, 혹은 이웃 나라의 아이들이 더 고생하게 되는지, 왜 동네 가게 주인아저씨의 걱정이 대형마트와 관련이 있는지, 어린이 친구 눈에는 잘 이해되지 않는 소비에 관한 진실과 흐름을 들려준다. 세상은 더 연결되어 있고, 나의 작은 소비가 어떤 영향력을 가지는지를 알려준다. 어린이 친구들에게 '소비'라는 사회 행위에 담긴 윤리성과 생각거리를 일깨워 주고 다양한 쟁점에 대해 이야기해 보도록 제안한다.

공부가 되고 상식이 되는! 시리즈 ❸
똑똑한 경제 습관과 금융 IQ를 길러 주는 어린이 금융경제 교육
적금은 뭐고 펀드는 뭐야?
김경선 지음, 박선하 그림 | 120면 | 값 11,000원

동화로 보는 어린이 금융경제 교육의 모든 것!
이 책은 어린이 친구들을 유혹하는 다양한 금융 서비스와 환경에 대해 제대로 살펴보고, 실생활에서 꼭 필요한 금융경제 지식에 대해 알려준다. 이미 선진국에서는 의무교육화된 '어린이 금융경제교육'의 필수 내용을 재미있는 동화로 풀어내고 있다. 어려워 보이는 금융 용어에 대해 이야기로 살펴보며, 경각심을 지켜야 할 부분에 대해 방점을 찍어준다. 금융의 책임감과 편견에 대해서도 바로잡아주며, 경제에 대한 균형 잡힌 시각을 키워주는 책이다.

공부가 되고 상식이 되는! 시리즈 ❹
우리가 소셜 미디어를 하면서 반드시 알고 지켜야 할 것들의 모든 것!
미래를 이끄는 어린이를 위한
소셜 미디어 이야기
한현주 지음, 박선하 그림 | 152면 | 값 11,000원

1인 미디어, 실시간 정보검색, 온라인 인간관계 길잡이, 올바른 SNS 사용규칙
이 책은 소셜 미디어 시대를 살아가는 어린이들에게 다양한 디지털 기기(스마트폰, 컴퓨터, 미니패드 등)를 통해 접하는 'SNS 서비스가 나에게 어떤 영향을 끼치는지' 재미있는 동화를 통해 깨달아간다. 더 나아가 익명성, 사생활 침해, SNS 중독 같은 사이버 문제를 해결하고 지켜야 할 윤리, 규칙에 대해서도 가르쳐준다. 소셜 미디어와 디지털 기기의 특성을 하나하나 살펴보며 온오프의 균형 감각을 가지고 슬기롭게 생활하는 방법을 일깨워준다. 바야흐로 미래의 주인으로 성장할 어린이 친구들에게 꼭 필요한 SNS 길잡이다.

공부가 되고 상식이 되는! 시리즈 ❺

동화로 보는 SW교육, 사물인터넷, 인공지능 로봇, 로봇 세상의 생활과 진로!

어린이를 위한
인공지능과 4차 산업혁명 이야기

김상현 지음, 박선하 그림 │ 163면 │ 값 12,000원

과학 기술과 데이터, 로봇과 공존하는 인공지능 시대를 살아갈 어린이 친구들을 위한 과학 동화

이 책은 인공지능 기계와 함께하는 미래에 대해 쉽고 재미있게 알려주며, 정보통신 기술이 가져온 4차 산업혁명에 대해 살펴보는 과학 동화책이다. SW 교육, 사물인터넷, 인공지능, 로봇 세상의 일자리 등 한 번쯤 들어는 봤지만, 구체적으로 무슨 내용인지는 모르는 디지털과학의 영역을 동화로 흥미롭게 살펴본다. 어린이 친구들은 기계와 다른 인간의 고유한 가치와 영역에 대해 자연스럽게 깨닫고, 미래에 필요한 창의적 사고력, 컴퓨팅 사고력을 키우게 될 것이다. 또한 미래 사회의 주역으로 성장할 어린이 친구들에게 필요한 소양과 가치 판단에 대한 생각거리를 던져주고, 토론 주제도 이야기한다.

공부가 되고 상식이 되는! 시리즈 ❻

동화로 보는 '4차 산업혁명 시대'에
따뜻한 기술이 가져오는 행복한 미래와 재미난 공학

어린이를 위한 따뜻한 과학, 적정 기술

이아연 지음, 박선하 그림 │ 163면 │ 값 12,000원

어린이를 위한 "따뜻한 기술과 윤리적인 과학"에 대한 흥미롭고도 실천적인 이야기!

이 책은 동화를 통해, 인간을 이롭게 도우려 탄생한 '기술'에 '나와 이웃' 그리고 '환경, 디자인, 미래'에 대한 인문적 시각을 담은 '적정 기술'을 알려준다. 동화를 토대로 적정 기술의 다채로운 면을 소개하기 때문에, 어린이 친구들이 효과적으로 이해하고 재미있게 받아들일 수 있다. 과학 기술이 발전할수록 오히려 소외되는 이들이 있음을 이야기하며, 과학 기술을 배우는 어린이 친구들에게 '인문적 고민'에 대해 알려주는 생각동화책이다. 4차 산업혁명의 시대에 우리에게 드리운 '빛과 그림자'에 대한 토론거리도 던져 주며, 그 대안이 될 과학 기술인 '적정 기술'에 대해 재미있게 배워볼 수 있을 것이다.

공부가 되고 상식이 되는! 시리즈 ❼

포장 쓰레기의 여정으로 살피는
소비, 환경, 디자인, 새활용, 따뜻한 미래 이야기

미래를 위한 따뜻한 실천, 업사이클링

박선희 지음, 박선하 그림, 강병길 감수 | 144면 | 값 12,000원

버려진 물건에게 새 삶을 주는 따뜻한 실천에 대한 흥미진진한 이야기!

이 책은 생활 속 포장재들의 드라마틱한 여정을 통해 물건의 소비와 쓰레기 문제에 대한 경종을 울리고, 버려진 물건을 재탄생시키는 행동인 '업사이클링'에 대해 이야기한다. 창의적인 아이디어로 버려진 물건에 새로운 가치를 부여하는 '업사이클링'은 나와 이웃, 더 나아가 지구와 미래를 지키는 실천이다. 우리의 선택에 따라 정반대의 여정을 떠나게 되는 마린왕자와 물고기병사의 이야기는 어린이들에게 '물건의 생애'에 대한 생각거리를 던져준다. 또한 어린이 친구들도 창의적인 아이디어만 있으면 얼마든지 버려진 물건으로도 멋진 물건을 만들 수 있음을 알려준다. 나, 이웃, 환경과 미래를 생각하고, '만드는 재미'를 일깨워주는 흥미진진한 '업사이클링'의 세계로 안내한다.

공부가 되고 상식이 되는! 시리즈 ❽

동화로 보는 동물학대와 유기,
대규모 축산농장, 동물실험, 동물원에 대한 불편한 진실

어린이를 위한 동물 복지 이야기

한화주 지음, 박선하 그림 | 166면 | 값 12,000원

'산업, 소비, 즐길 거리, 먹거리, 입을 거리'가 된 동물들!

이 책은 인간 사회를 위해 희생되는 동물의 삶과, 산업이 되어 버린 동물들에 대한 이야기를 살펴본다. 그리고 동물들의 희생이 과연 정말 꼭 필요한 것인지 질문하고, 동물의 행복에 대한 다양한 시도를 보여준다. 우리는 과거 동물은 그저 '살아있는 기계'라고도 할 만큼 동물의 삶에 잘 모르던 시절이 있었다. 그로부터 동물에 대한 많은 연구가 이루어졌고 동물 또한 감정을 가진 생명이고, 동물의 생명을 존중하는 마음이 인간에게도 이롭다는 것을 일깨워준다. 어린기 친구들은 이 책을 통해 우리 세상에는 다양한 종과 함께 살아가는 것이 무척 중요하다는 것을 깨닫게 될 것이다. 또한 동물의 행복에 대해 깊이 생각해보고, 다양한 나라에서 시도되는 동물 복지에 대한 실천을 보고 지금 우리가 해볼 수 있는 것은 무엇인지 배울 수 있을 것이다.

공부가 되고 상식이 되는! 시리즈 ⑨

동화로 보는 신재생에너지,
에너지 불평등과 자립, 에너지 공학자, 에너지 과학 기술

지구와 생명을 지키는 미래 에너지 이야기

정유리 지음, 박선하 그림 | 162면 | 값 12,000원

과학 기술의 발전과 함께 전에 없던 새로운 에너지 전환 시대를 준비해 보다!

이 책은 어린이 친구들에게 우리 삶을 지탱하는 '에너지와 그로 인한 에너지 문제'에 대해 설명하며, 지구와 생명을 지키는 미래 에너지에 대해 알려주는 책이다. 재미있는 동화를 토대로 화석 에너지가 일으키는 에너지 문제들을 해결할 방안으로 신재생에너지와 에너지 절약과 효율을 높이는 다양한 기술, 그리고 더욱 역할이 중요해지는 에너지 공학자들의 이야기를 들려준다. 더 나아가 에너지 불평등과 자립에 대한 이야기를 통해 나와 이웃을 생각하는 미래에 에너지가 어떤 역할을 할 것인지를 생각해보게끔 한다. 미래 에너지 문제는 지구촌이 함께 고민하고 풀어나가야 할 문제이다. 더불어 개개인의 선택과 행동도 중요하다. 에너지는 다양한 과학 기술과 우리 사회와 관계되어 있기 때문이다. 이 책을 통해 어린이 친구들은 폭넓은 과학인문 지식을 쌓게 되며, 미래 사회의 주역으로서 필요한 소양과 가치 판단에 대한 생각거리를 얻게 될 것이다.

공부가 되고 상식이 되는! 시리즈 ⑩

동화로 보는 '미세먼지'를 둘러싼
환경, 건강, 나라, 경제, 과학 이야기

생명을 위협하는 공기 쓰레기, 미세먼지 이야기

박선희 지음, 박선하 그림 | 160면 | 값 12,000원

미세먼지를 어떻게 대처하느냐에 따라 달라지는 두 가지 미래 여행!

이 책은 환경 재앙으로까지 일컬어지는 '미세먼지'에 대해 다양한 시선으로 살펴보며, 어린이 친구들에게 환경과 삶의 행복이 얼마나 밀접하게 연결되었는지 알려 준다. 미세먼지가 왜 이렇게 심각해졌는지 그 경위를 살펴보고 우리의 건강, 깨끗한 환경, 삶을 지키기 위한 실천과 생각거리를 살펴본다. 미세먼지는 단순히 우리나라만의 문제가 아니다. 이 책은 미세먼지에 얽힌 지리적, 과학적, 경제적, 인문적인 이야기를 들려주며, 환경 문제가 결코 단순한 것이 아님을 이야기한다. 지구온난화와 같이, 미세먼지 역시 지구촌의 큰 문제로 자리하며 모든 생명을 위협하고 있다. 미래의 주인공이 될 어린이들이 '미세먼지'에 대해 깊이 이해하는 것만으로도 우리가 지켜야 할 환경, 미래에 대한 가치를 배울 수 있다.